Meine eigene Zaubershow

Susanne Rennert

Bibliografische Information der Deutschen Nationalbibliothek: Die Deutsche Nationalbibliothek verzeichnet diese Publikation in der Deutschen Nationalbibliografie; detaillierte Daten sind im Internet über http://dnb.dnb.de abrufbar.

www.die-zauberkiste.de
© 2022 Susanne Rennert
Illustrationen: Susanne Rennert
3. Auflage 2022
Herstellung und Verlag
BoD – Books on Demand, Norderstedt
ISBN 9783754384077

Bilder von Pixabay auf Seite 1, 5,7, 8, 22, 48, 77, 78, 81, 84, 87, 102, 110
Lektorat: Bianka Ursprung, Cover: Heike Georgi
Weitere Fotos von Susanne Rennert, Martina, Sherman, A. Hensmans

Inhalt

Illusionen und optische Täuschungen 6
Die Vorteile, zaubern zu können 10
Der Aufbau des Buches 10
Die goldenen Regeln beim Zaubern 13
Zwei Nasen fühlen 16
Wie sieht ein Zauberer aus? 17
Spiel: Wenn der Zauberer ins Land kommt 19
1. Kapitel: Requisiten und Kostüme 20
Der Zauberstab 20
Der Zauberhut 23
Zaubersprüche 25
Der Umhang 27
Vorlagen für magische Symbole 30
2. Kapitel: Seiltricks 32
Die Ringbefreiung 34
Seil durch Ohr 37
Aladins Wundervase 40
3. Kapitel: Kartentricks 44
Spiel: Karten ziehen 44
Hellsehen 46
Das Wissen der Karten 49
4. Kapitel: Münzen und Streichhölzer 52
Die magnetischen Streichhölzer 54
Die verschwundene Münze 57
5. Kapitel: Würfel und magische Quadrate 59
Der Würfel 60
Das magische Quadrat 62
Das Papierquadrat 65
Der Lügendetektor 67
6. Kapitel: Zauberhafte Seifenblasen 74
Der Pustering 74
Das Rezept für Riesenseifenblasen 76
Seifenblasenstab für Riesenseifenblasen 78
Seifenblasenexperimente: Der Trichter 81
Kleine Blasen in einer großen 82

7. Kapitel: Bananen und Teeblätter.................................84
Dr. Bananius 84
Die magischen Teeblätter...88
8. Kapitel: Die Zersägekiste..91
Die Zersägekiste 92
9. Kapitel: Die Zaubershow 97
Was gibt es zu beachten, wenn du auf der Bühne stehst?...99
Die Zusammenstellung der Tricks für die Vorstellung 103
Musik für die Vorstellung...105
Der Bühnenaufbau...108
Die Dekoration...109
Scherenschnittmodelle...109
Bunte Wände mit Krepppapierstreifen..................................111
Die Gruppe Zaubermond 113
Literatur..120

Illusionen und optische Täuschungen

Bestimmt hast du schon einmal einen Zauberer im Fernsehen, bei einem Fest oder sogar im Varieté gesehen und warst fasziniert von seinem Können. Spielerisch zauberte er Tauben herbei, ließ Spielkarten verschwinden, sägte seine Assistentin in einer Kiste in zwei Teile oder konnte eine erdachte Zahl vorhersagen. Aber wie gelang ihm das bloß? Mit übernatürlichen Fähigkeiten hatte das nichts zu tun. Und doch war jeder Zuschauer verzaubert und schaute wie magnetisiert dem Magier zu.

Es gibt für alle diese Vorgänge natürliche Erklärungen. Das Spiel mit Illusionen ist schon sehr lange bei den Menschen beliebt und nicht erst seitdem die Harry Potter Welle auf uns überschwappte oder „Die Ehrlich Brothers" ihr Können zeigten.

Unmögliches möglich machen. Sich zu wünschen, etwas Besonderes zu sein. Die Naturgesetze auf den Kopf stellen und der tristen und nüchternen Alltagswelt entfliehen. Es ist der Wunsch, jemand anderes zu sein, wie der Held im Märchen und alle Schwierigkeiten zu überwinden. Auch wir unterliegen diesen Träumen.

In diesem Buch hast du die Möglichkeit, diese Träume wahr werden zu lassen. Schlüpfe in die Rolle des Zauberers und vergesse die alltäglichen Probleme. Überwinde Schwächen und wachse über dich hinaus. Gewinne an Mut und Selbstsicherheit.

Die Menschheit versucht alles zu erklären und dadurch ist alles entzaubert worden. Durch die einfach erlernenden Tricks, die groß in ihrer Wirkung sind, kannst du das Wunderbare des wahren Zaubers wieder entdecken. Lasse deiner

Fantasie freien Lauf. Gewinne an Stärke und Begeisterungs-
fähigkeit und Kreativität wird zu neuem Leben erweckt.
Aber wie funktioniert das alles? Der größte Teil der Zauberei
ist nur denkbar, da die Natur dem Zauberkünstler behilflich
ist. Denn die Sinne und der Verstand lassen sich täuschen.
Die Zauberei basiert unter anderem auf den sogenannten
„optischen Täuschungen". Der Zuschauer erlebt etwas, wo-
von er überzeugt ist, dass es eigentlich unmöglich ist.

Bekannt sind Täuschungen unseres Augenmaßes bei geo-
metrischen Formen.
Sind die Linien gerade oder gebogen?
Es sieht so aus, als wären die Linien gebogen. Aber dem ist
nicht so. Alle Linien sind gerade.

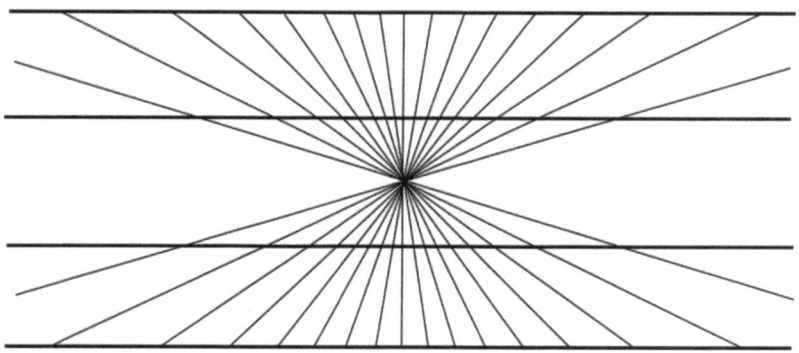

Überraschend sind auch immer wieder umkehrbare perspek-
tivische Täuschungen, wie zum Beispiel auf dem nächsten
Bild.
Ist dort eine Vase, oder zwei Gesichter zu sehen?
Je nachdem wie sich das Auge einstellt, sieht man einmal
eine Vase oder zwei Gesichter.

Der Zauberer auf der Bühne verdreht unsere Sinne. Am Bekanntesten ist das „Schwarze Kabinett". Schwarze Gegenstände vor einem schwarzen Hintergrund kann das menschliche Auge nicht wahrnehmen. Benutzt wurde dieser Effekt bei dem Trick „Die verschwundene Münze".
Sogar der Geschmack lässt sich täuschen. Wir erleben das tagtäglich, indem wir mit unserem Essen Aromastoffe und künstliche Geschmacksverstärker zu uns nehmen.

Viele Tricks täuschen unseren Verstand und basieren auf psychologischer Ablenkung. Es werden mehrere Bewegungen gleichzeitig stattfinden. Das ist die sogenannte Finte. Die linke Hand wird hochgehoben. Alle Personen achten darauf, während mit der rechten Hand unauffällig der Trick abläuft. Der Mensch kann sich nur auf eine Bewegung konzentrieren.

Auch die Mathematik enthält so einige magische Geheimnisse. Enthalten ist dies in dem Trick „Die magischen Teeblätter".

Das sind die tricktechnischen Geheimnisse. Jedoch ist es nicht nur die Technik, die uns verzaubert. Es ist, wie der Trick vorgeführt wird und eine perfekte Illusion entsteht. Der beste Trickautomat taugt nichts, wenn der Künstler ihn nicht präsentieren kann. Die Geschichte, die Ausstrahlung, der Humor der Darsteller bestimmen den Effekt mit. Auch davon handelt dieses Buch. Es wird nicht nur die Technik beschrieben, sondern auch Anregungen gegeben, wie eine magische Atmosphäre geschaffen wird. Ein besonderes Augenmerk liegt daher auf dem Kapitel: Die Aufführung.

Manche Tricks wirken mit Musik oder indem sie in eine kleine Szene integriert sind. Die Fantasie wird angeregt, um selbst kreativ zu werden. Denke dir eigene Vorführungsmöglichkeiten aus.

Die Vorteile, zaubern zu können

In diesem Buch findest du Zaubertricks, die du deinen Freunden vorführen kannst. Das ist wie in einer richtigen Zauberschule.

„Vielfalt" heißt das Zauberwort und vielfältig ist die Zauberschule ausgestattet. Du stellst deine Tricks selber her und lernst ihre Anwendungstechniken. Es wird gebastelt, gespielt, gemalt und geprobt, sodass am Ende eine Zaubervorstellung entsteht, die vor Eltern, Freunden und Bekannten vorgeführt werden kann.

Zaubern als Unterhaltungskunst ist schon lange bekannt.
Doch es gibt noch andere Vorteile, die die Zauberei bereithält. Durch die Zauberei ist es möglich, das jeweilige Naturell zu fördern und Talente und Stärken zu entdecken.

Der Aufbau des Buches

Das Zauberbuch ist abwechslungsreich gestaltet. Zuerst werden Themen rund um das Zaubern behandelt. „Wie funktioniert zaubern?" beantwortet der Artikel „Illusionen und optische Täuschungen".
Die goldenen Regeln sollten stets am Anfang gelesen werden. Für Auflockerung sorgt das Spiel „Wenn der Zauberer ins Land kommt".
Im ersten Kapitel wird beschrieben, wie du Requisiten und Kostüme bastelst.
Das 2. – 7. Kapitel beschreibt die Tricks für die Zaubershow. Manche werden mit Geschichten vorgetragen, andere sind in

eine Schauspielszene integriert oder sie haben eine musikalische Begleitung.

Große Aufmerksamkeit liegt auf dem 9. Kapitel, das der Gestaltung der Aufführung gewidmet ist.

Dabei ist ein Erfahrungsbericht über die Kinder- und Jugendzaubergruppe Zaubermond beschrieben.

Andino, ein Zauberer, nennt das Zaubern die "Kunst der freundlichen Täuschung". Ein Zauberkunststück zu lernen erfordert Übung und persönlichen Einsatz. Es reicht nicht aus zu wissen, wie es funktioniert. Geschicklichkeit ist gefragt und die Bereitschaft, sich mit dem Trick und der Rolle des Zauberers auseinanderzusetzen, ihn zu üben bis man den Ablauf beherrscht.

Die Requisiten bestehen aus einfachen Gegenständen, die entweder in jedem Haushalt zu finden sind oder leicht in Bastel- oder Baumärkten besorgt werden können.

Durch selberherstellen der Requisiten bekommst du eine persönlichere Beziehung zu den Gegenständen.

- Du lernst den Aufbau und die Struktur einer Szene kennen, sowie das kombinieren von Sprechen, Text, Handlung und Tricktechnik.
- Die Zauberkunststücke stellen Anforderungen an die Fingerfertigkeiten, wenn sie gebastelt oder vorgeführt werden.
- Dein Gedächtnis wird durch das Auswendiglernen der Geschichten trainiert.
- Es findet eine Stärkung der Fähigkeiten und Talente statt.
- Das Herstellen der Tricks, sowie die Selbstdarstellung auf der Bühne wecken und fördern die Kreativität.
- Die Selbsterfahrung beim Vorführen einer selbst erarbeiteten Szene fördert positive Entwicklungen

- Auch mit Schwierigkeiten und Pannen wird sich auseinandergesetzt und nach Lösungen gesucht.

Und nun lasse dich verzaubern. Vorhang auf!

Die goldenen Regeln beim Zaubern

Wenn du zauberst und deine Tricks vor Publikum vorführen willst, beachte folgende Regeln. Wende sie an, damit du Erfolg hast.

1) Verrate keine Zaubergeheimnisse

Deine Vorstellung umgibt eine magische Atmosphäre. Das wird hervorgerufen, weil deine Zuschauer nicht wissen, wie der Trick funktioniert. Wenn du deinen Trick verrätst, ist oft auch der Zauber dahin. Deine Zuschauer können enttäuscht sein, weil sie glauben, die Tricktechnik sieht einfach aus. Leider vergessen sie oft, dass zu einer Vorführung viel mehr gehört und viel Arbeit damit verbunden ist. Es ist eine Kunst, dein Publikum zu verzaubern. Zerstöre nicht den Zauber, indem du es ihnen erklärst.

2) Übe jeden Trick bevor du ihn vor Publikum vorführst

Bevor du vor deine Zuschauer trittst, gehört viel Übung, bis du dein Trick fließend vorführen kannst. Du weißt doch: Nur Übung macht den Meister.

Die Technik, der Text und die Handgriffe müssen gut einstudiert sein, damit die Effekte auch wirkungsvoll sind. Nichts ist langweiliger, als wenn ein Zauberer seinen Text vergisst oder nachdenken muss, was als nächstes kommt.

Stell dich vor einen Spiegel und beobachte deine Mimik und Gesten. Hier siehst du dich aus der Sicht der Zuschauer, nämlich von vorne. Sind alle Trickgeheimnisse verdeckt?

3) Zeige deine Tricks nur einmal vor dem selben Publikum

Beim ersten Mal lassen die Zuschauer sich von dir verzaubern. Wenn du denselben Trick jedoch mehrmals zeigst, kennen sie bereits den Ablauf und schauen nach verdeckten Griffen. Sie beobachten und suchen den Moment, bei dem der Trick vollzogen wird.

Es gibt allerdings auch Ausnahmen, wie z.B. den Lügendetektor. Aber auch diesen Trick solltest du nicht zu oft zeigen, da sonst die Wirkung und das Staunen nachlassen. Das führt zu Langeweile.

4) Bereite die Tricks sorgfältig vor

Bevor du auf die Bühne gehst, muss alles an Vorbereitungen getroffen sein. Alle Requisiten müssen auf ihrem Platz liegen. Das Präparieren der Tricks muss erledigt sein.

5) Assistenten

Brauchst du zu deinen Zaubereien einen oder mehrere Assistenten, dann bitte jemanden aus dem Publikum, dir behilflich zu sein. Behandele deine Assistenten immer nett und freundlich. Sie sind selber sehr aufgeregt, wenn sie zu dir kommen, da sie ja nicht wissen, was passieren wird. Stelle sie vor. Frage sie nach ihren Namen. Bitte dein Publikum um einen Applaus.

6) Keine Zaubertricks oder Requisiten aus der Hand geben

Wenn Zuschauer zu dir kommen und sagen: „Zeig mir das doch mal, ich will das mal ansehen", gib es nicht zum Untersuchen her. Außer Gegenstände, die du dazu bestimmt hast. Magische Gegenstände sind kein Spielzeug.

7) Künstlernamen

Die meisten Schauspieler haben einen Künstlernamen. Auch du solltest dir einen zulegen. Damit stellst du dich deinem Publikum vor. Das steigert die magische Atmosphäre. Du

kannst dir einen Namen ausdenken oder einen bekannten nehmen. Bekannte Namen sind: Merlin – ein alter Zauberer von England, lebte bei König Artus. Houdini – ein berühmter Entfesslungskünstler. Siegfried und Roy – Deutsche Zauberer in Las Vegas. David Copperfield – berühmter moderner Zauberer. Zauberer Zwackelmann, die kleine Hexe, Madame Mim, Gandalf, der Zauberer aus Herr der Ringe, Die Ehrlich Brothers und viele mehr.
Wie ist dein Zaubername?

Zwei Nasen fühlen

Zaubern ist eine Täuschungskunst. Alle unsere Sinne lassen sich täuschen oder auch „an der Nase herumführen". Schon Aristoteles (384 – 322 v. Chr.) berichtete von einer Gefühlstäuschung.
Um das nachzuvollziehen, kannst du einen kleinen Test machen, bei dem unser Tastsinn angesprochen ist. Später kannst du es mit deinem Publikum machen.

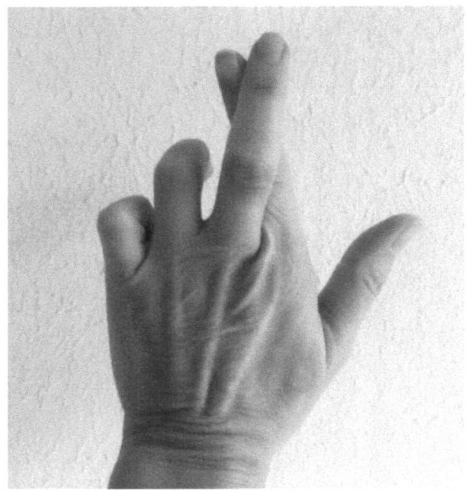

- Überkreuze die beiden Finger, Zeigefinger und Mittelfinger einer Hand.
- Führe die beiden an deine Nase.
- Berühre die Nasenspitze mit den Fingerspitzen.
- Bewege sie entlang deiner Nase hoch und runter und achte darauf was du fühlst.
- Du wirst mit Sicherheit zwei Nasenspitzen fühlen.

Dein Verstand hat den Eindruck, dass es sich um zwei Nasen handelt. So leicht lässt sich dein Gehirn täuschen.

Wie sieht ein Zauberer aus?

Sicherlich hast du schon oft einen Zauberer oder eine Zauberin gesehen. Sie werden im Märchen beschrieben, treten im Fernsehen auf, bei Harry Potter, in Geschichten, in Büchern und Comics.

Sahen sie jedes Mal gleich aus? Bestimmt nicht. Gab es auch etwas, das sie gemeinsam hatten?

Lies dir folgende Fragen durch, um die Person des Zauberers näher kennenzulernen:

- Kennst du berühmte Zauberer? Nenne ihren Namen, die dir einfallen.

- Wie sieht er oder sie aus und was hatten sie an?

- Was gehört zu der Grundausstattung eines Zauberers?

- Wie sieht eine Zauberin aus?

- Beschreibe beide.

- Was ist eine Fee?

- Was ist eine Hexe?

- Male zusammen mit deinen Freunden einen Zauberer mit Stiften. Jeder malt ein anderes Körperteil.

- Was unterscheidet einen Zauberer von einer Zauberin?

- Male eine Zauberin!

Erfinde eine Geschichte mit einem Zauberer und einer Zauberin! Welchen Charakter haben die beiden?

Spiel: Wenn der Zauberer ins Land kommt

Material: Zauberstab

Anzahl der Teilnehmer: Mindestens 5
Spielort: Am besten draußen oder in einem großen, leeren Raum

Ein Kind wird als Zauberer ausgewählt. Der Zauberer steht auf einer Seite des Spielfelds und die anderen Teilnehmer auf der anderen, ihm gegenüber.
Der Zauberer ruft den Kindern einen Satz zu. Er denkt sich etwas aus, was er nicht sehen will, z.B. eine Farbe oder einen Gegenstand: „Wenn der Zauberer ins Land kommt, will er kein Rot sehen!"
Jede Gruppe läuft zur anderen Seite. Der Zauberer kann nun die Kinder, denen er begegnet, mit dem Zauberstab antippen, die genau diese genannte Farbe tragen. Es ist sinnvoll, etwas zu nehmen, was sehr häufig vorkommt. Wenn kein Zauberstab vorhanden ist, kann auch mit der Hand getippt werden.
Die Kinder, die er antippte, hat er verzaubert und gehen mit zu ihm. Sie sind von nun an seine Zauberlehrlinge. Sie holen ihren Zauberstab aus der Tasche und helfen ihm weitere Kinder anzutippen.
Der Ablauf wird wiederholt. Es wird wieder etwas genannt, diesmal etwas anderes, um die anderen Kinder einzufangen. Dies geht solange, bis nur noch ein Kind übrig bleibt, das dann Zauberer sein darf. Das Spiel beginnt von vorn. Gespielt, wird solange alle Kinder Lust haben.

1. Kapitel: Requisiten und Kostüme

Der Zauberstab

Nicht erst seit Harry Potter ist er bekannt bei Groß und Klein: Der Zauberstab. Er ist das Symbol der Zauberer. „Der Zauberstab wurde ursprünglich Jacobusstab genannt, weil laut Überlieferung der heilige Jacobus damit auftrat, um alle schwarze Magie positiv abzuwenden." (vgl. Adrion, 1978, Die Kunst zu zaubern, S. 19)

Harry Potter bewegt den Zauberstab in der Luft hin und her und hext die unterschiedlichsten Dinge damit. Sogar als

Lampe dient er ihm. Kombiniert mit Zaubersprüchen, verhilft er ihm, Unmögliches zu erreichen.
Auch dir ist er bei deinen Tricks dienlich. Er kann dir dazu verhelfen, das Publikum an entscheidenden Stellen abzulenken.

Die Zuschauer folgen den schnellen Bewegungen, und so kann an anderer Stelle eine Bewegung überdeckt werden.
 Der Zauberstab unterstützt deine Zaubertricks und macht die Vorführung magischer.

Du kannst ihn selber herstellen:
Material:
- einen Rundstab, ca. 1 cm Durchmesser und 30 cm. Länge
- Plakafarbe weiß und schwarz
- Pinsel
- Becher mit Wasser

Male eine Seite schwarz an. Lasse ca. 4 cm unbemalt. Male die Stelle weiß an. Lasse ihn trocknen.
Variante: Du kannst auch beide Enden weiß anmalen.

Der Zauberhut

Hierfür brauchst du einen Bogen Fotokarton, Schere, Kleber, Bleistift, Schnur, Hutgummi, Wäscheklammer, Goldfolie.

Ein richtiger Zauberer hat auch einen Zauberhut, einen Spitzhut, der mit vielen magischen Symbolen beklebt ist.

Durchführung;
1) Binde das Stück Schnur, das etwas länger als die kurze Seite des Fotokartons ist, an den Bleistift.

2) Halte das Ende der Schnur an eine Ecke des Kartons. Halte den Bleistift an der Ecke der kurzen Seite. Führe den Bleistift auf dem Karton entlang, zeichne einen viertel Kreis und schneide ihn aus.

3) Die Seiten A + B werden übereinander gelegt. Auf eine Seite gib etwas Kleber. Die Seiten werden zusam-

mengeklebt, sodass ein spitzer Hut entsteht.

4) Die beiden Ecken können mit einer Wäscheklammer zusammengehalten werden.

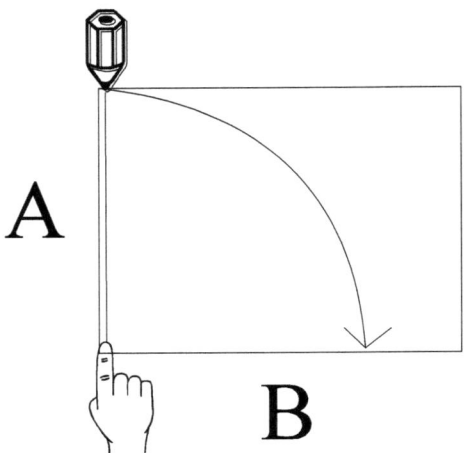

5) Bohre je ein Loch an zwei Seiten in den Karton, durch die ein Hutgummi gezogen und geknotet wird, damit der Hut später nicht vom Kopf rutscht.
6) Nun kannst du den Hut nach Herzenslust mit Goldfolie bekleben, mit Sternen, Monden oder was dir gefällt.

Tipp: Wenn du aus Krepppapier lange Schlangen schneidest, klebe sie an die Spitze des Hutes. So sieht er aus wie ein Feenhut.

Zaubersprüche

Zaubersprüche gibt es schon sehr lange. Die früheren Zaubersprüche waren Beschwörungsformeln mit dem Ziel, Wunder zu vollbringen, Unheil abzuwenden oder Wünsche zu erfüllen. Die Menschen im Altertum trauten den Sprüchen wundervollbringende Kräfte zu. Das berühmteste antike Zauberwort ist:
Abracadabra.
„Hocus Pokus" stammte wohl aus der katholischen Abendmahlformel „hoc est corpus (meum)", was so viel bedeutet wie „das ist mein Leib".
Die bekanntesten Zaubersprüche sind:
Hocus Pokus Fidibus 3 x schwarzer Kater,
Simsalabim

Es gibt aber noch weitaus mehr z. B. La Bimmel, La Bammel La Bumm. Siegfried und Roy, die berühmten Zauberer aus Las Vegas, haben einen eigenen erfunden: „Sarmoti".

Das ist eine Abkürzung und bedeutet: Siegfried and Roy Master of the Illusion. Übersetzt heißt das: Siegfried und Roy sind die Meister der Illusion.

Am schönsten ist es, wenn du die Zuschauer nach einem Zauberspruch fragst. Gemeinsam könnt ihr den Zauberspruch sprechen, damit der Trick gelingt.
Stell dir vor, wenn 50 Zuschauer einen Zauberspruch gemeinsam sprechen, entsteht eine magische Stimmung.

- Das fördert den Kontakt zum Publikum.

- Erfinde deinen eigenen Zauberspruch, den du anwendest.

Tipp: Wenn mal etwas misslingen sollte, dann sage „Oh, das war wohl der falsche Zauberspruch", und probiere es gleich noch einmal.

Eine beeindruckende Formel aus Pompeji lautet

S a t o r
A r e p o
T e n e t
O p e r a
R o t a s

Übersetzt bedeutet es: Sämann Arepo hält mit Mühe die Räder. Beeindruckend daran ist, dass du sie vorwärts, rückwärts, von oben nach unten und von unten nach oben lesen kannst.

(aus „Wunderwelt Magie" von Jochen Zmeck,   S. 17)
- Kennst du auch Worte oder Sätze, die du vorwärts und rückwärts lesen kannst?

Worte die du vorwärts und rückwärts lesen kannst, sind La-ger, oder Lagerregal.

Der Umhang

Material: schwarzer Stoff, 1,20 m x 1,20 m, Nadel, Bindfa-den, Heftgarn, Schere, Kordel, 1,50 m lang, Sicherheitsnadel
Zu einem Zauberkostüm gehört ein Umhang. Besorge dir in einem Stoffgeschäft ein Stück Stoff. Stelle dir daraus einen Umhang her. Ein schwarzer Stoff ist empfehlenswert. Es gibt Stoffe, die schon mit Sternen bedruckt sind.

Anleitung:
Das Umsäumen:
Damit die Seiten nicht ausfransen, nähe zuerst die Ränder um.

- Zuerst hefte die Ränder. Das ist einfach. Fange in ei-ner Ecke an und klappe ca. ein Zentimeter des Stoffes um und dann noch mal ein Zentimeter.
- Fixiere es mit einem Heftfaden. Stecke die Nadel mit dem Faden in den Stoffrand hinein. Auf der anderen Seite ziehe sie heraus. Ziehe den Faden stramm. Nach einem Zentimeter stecke die Nadel wieder hin-

ein, ziehe den Faden stramm, bis du rundherum genäht hast.

- Danach nähe den Rand nach der gleichen Weise mit dem Zwirnsfaden fest.
- Entferne den Heftfaden.

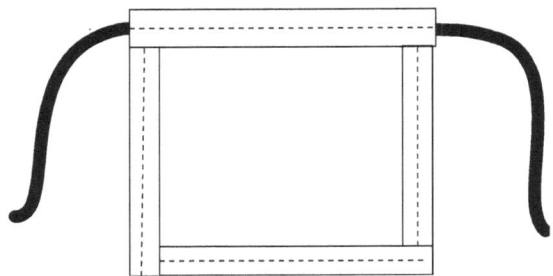

- Suche dir eine Seite aus, die du später nach oben tragen möchtest. Klappe ca. 5 cm des Stoffes um. Nähe ihn fest, so wie es oben beschrieben ist. Es entsteht dadurch eine Lasche.
- Befestige die Enden der Kordel mit Kleber oder verknote sie, damit sie nicht ausfransen.
- Stecke die Kordel durch die Lasche. Befestige das eine Ende an einer Sicherheitsnadel. So kannst du die Kordel durch die Lasche schieben.

Jetzt ist der Umhang fertig. Mit der Kordel kannst du ihn dir umhängen und festknoten.

Vorlagen für magische Symbole

Hier findest du Sterne, die du als Vorlagen zum Verzieren für deine Requisiten benutzen kannst. Bastele dir eine Schablone für jedes magische Symbol. Damit kannst du überall tolle Motive zaubern.

- Kopiere die Seite
- Schneide die magischen Symbole aus und klebe sie auf festen Karton.
- Schneide den Karton aus. Das sind deine fertigen Schablonen.
- Lege die Schablone zum Beispiel auf deinen Zauberkasten.
- Zeichne mit einem Stift die Ränder nach. Male sie mit bunten Farben aus.

2. Kapitel: Seiltricks

Ein Seil ist ein interessanter und wertvoller Artikel zum Zaubern. Zauberer haben mit Seiltricks die Zauberwelt fasziniert und begeistert.
Man kann mit einem einzigen Seil eine ganze Weile sein Publikum unterhalten. Es nimmt bei den Requisiten wenig Platz ein und ist leicht zu transportieren.
Besorge dir ein Seil. Gute Seile bekommst du z.B. im Baumarkt. Dort erhältst du eine billige Variante aus Polyester.
Am besten ist es, mit einem weichen Baumwollseil zu zaubern. Richtige Zauberseile gibt es in Zauberläden. Sie haben eine gute Qualität, und es gibt sie in verschiedenen Farben. Es gibt sie in der Stärke von 7 – 10 mm. Besorge dir eine Stärke von 8 mm Durchmesser.
Seile gibt es als Meterware und nicht stückchenweise. Das erlaubt dir, eins für deine Tricks in der gewünschten Länge zurechtzuschneiden.
Es gibt für ein Seil mehrere Einsatzmöglichkeiten.

Damit ein Seil viele Vorstellungen überlebt, solltest du deine Seile zunächst präparieren:
Abgeschnittene Seile haben es an sich, dass ihre Enden nach einer gewissen Zeit ausfransen. Um das zu verhindern, solltest du ihre Enden bearbeiten.

Materialien: Seil, Kleber, Schere, Isolierband

- Beschneide das Seil, sodass ihre ausgefransten Enden schön glatt sind.
- Gib etwas Klebstoff auf das zu bearbeitende Ende.

- Gib es erst oben auf, dann ringsherum auf die Seiten, und lasse es trocknen.
- Klebe um die Enden einen Streifen farbiges Isolierband mit ca. 1,8 cm Breite. So entsteht ein schöner abgeschlossener Rand und das Seil hält viele Vorstellungen lang.

Die Ringbefreiung

Du verwandelst dich in den großen Houdini. Er ist der berühmteste Entfesselungskünstler aller Zeiten.

Bei diesem Trick „Die Ringbefreiung" geht es darum, einen mit einem Spezialknoten befestigten Ring von einem Seil zu lösen. Um den Spezialknoten zu lösen, ist Geschicklichkeit gefragt. Der Knoten muss an der richtigen Ringseite geschoben werden, ansonsten entsteht ein Doppelknoten, der noch schwieriger zu lösen ist. Dies erfordert einige Übung.

Dieser Trick ist auch geeignet, um ihn als Eröffnungsnummer in der Vorstellung zu zeigen. Die Aufmerksamkeit der Zuschauer ist gleich zum Einstieg durch die Verblüffung des Effektes erhöht.

Effekt:
Ein Ring wird an ein Seil geknotet. Die Seilenden werden von zwei Assistenten festgehalten. Der Zauberer legt ein Tuch über Ring und Seil. Er greift unter das Tuch und befreit den Ring auf magische Weise.

Materialien: 1 Seil, 1 Ring (z.B. von einem Wurfspiel), 1 Tuch ca. 60 x 60 cm, der Zauberstab

Darsteller: 1 Zauberer
Aus dem Publikum: 2 Assistenten
Darstellungsart: Sprechtext

Erklärung:
Es handelt sich um einen Spezialknoten, den du folgendermaßen knotest:

1. Nimm das Seil doppelt.
2. Führe die Mitte durch den Ring. (Schlaufe)

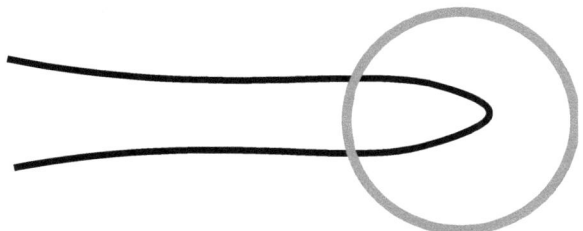

3. Führe die beiden Seilenden durch die Schlaufe.

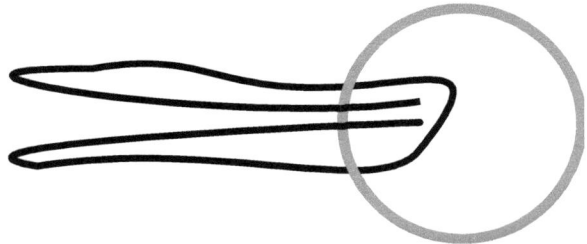

4. Ziehe das Seil stramm. Der Ring ist nun an das Seil geknotet.

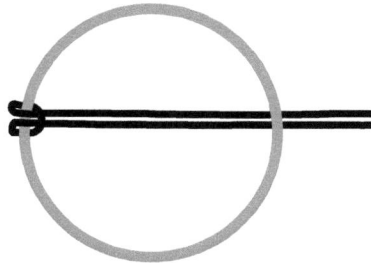

Die Befreiung:
1. Greife den Knoten. Ziehe den kleinen Steg am Ring entlang herunter.

2. Ziehe die Schlaufe um den Ring herum. Der Knoten ist gelöst. Zeige den befreiten Ring.

Vorführung:
Der Zauberer kommt auf die Spielfläche und stellt sich vor. Er bittet zwei Assistenten aus dem Zuschauerraum zu sich auf die Spielfläche zu kommen. Er stellt sie vor.
Als Nächstes sollen die Assistenten den Ring und das Seil untersuchen. Sie sollen sich davon überzeugen, dass keine Öffnung vorhanden ist. Dann nimmt er die Gegenstände wieder zu sich. Er knotet den Ring an das Seil und deckt es mit dem Tuch ab. Die Assistenten dürfen den Rand des Tuches mit festhalten.
Nun hebt er seinen Zauberstab, macht eine magische Bewegung damit und spricht einen Zauberspruch.
Er fasst wieder unter das Tuch und löst den Ring vom Seil. Unter tosendem Applaus hält er den Ring in die Höhe.
Der Zauberer bedankt sich bei den Assistenten und verabschiedet sie. Zum Schluss verbeugt er sich.

Tipp: Wenn Du diesen Trick vor Freunden oder Verwandten vorführst und du hast nur zwei bis drei Zuschauer, kannst du als Requisiten auch ein Fingerring und eine dünne Kordel nehmen.

Seil durch Ohr

Dies ist eine Schauspielszene. Es handelt sich um eine weitere Einsatzmöglichkeit mit dem gleichen Requisit. Die Szene hat auch einige komische Momente. Der Trick ist relativ einfach. Es kommt hierbei auf das Zusammenspiel der beiden Darsteller an.

Aufeinander abgestimmt sein, ist bei den beiden Darstellern ausschlaggebend für diese Szene. Verstärkt wird es durch eine Kostümierung.

Materialien: Seil, Stuhl, Kittel
Darsteller: 1 Ohrenarzt, 1 schwerhöriger Patient
Darstellungsart: Schauspielszene

Effekt:
Der Ohrenarzt heilt den Patienten von seiner Schwerhörigkeit, indem er ein Zauberseil durch seine Ohren und Kopf zieht.

Erklärung:
Der Patient bildet zwei Fäuste und legt sie mit den Handrücken zum Publikum gerichtet an die Ohren. Das Seil wird durch eine Faust gesteckt, scheinbar in das Ohr geschoben und durch den Kopf entlang geführt. In Wirklichkeit wird es hinter dem Kopf lang geführt. Aus dem anderen Ohr kommt es wieder heraus und wird durch die Faust gesteckt. Das Seil wird hin und her geschoben.

Vorführung:
Auf der Spielfläche steht ein Stuhl. Der Arzt tritt mit dem Zauberseil in der Hand auf die Spielfläche.

Arzt: Guten Tag mein sehr verehrtes Publikum. Ich bin Ohrenarzt und möchte Ihnen heute mein neuestes Experiment vorstellen, eine Methode um einen Patienten zu heilen.
(zur Tür) Kommen Sie bitte herein. (Pause) Ach, er ist ja schwerhörig. (geht ihn holen) Setzen Sie sich bitte.
Patient: (Schaut in der Gegend herum)
Arzt: (Lauter und zeigt ihm sich zu setzen) Setzen Sie sich bitte.
Patient: (Nickt und setzt sich)
Arzt: (Zeigt Seil) Mit diesem Zauberseil werde ich den Patienten von seiner Schwerhörigkeit befreien. Nehmen Sie bitte die Hände hoch.
Patient: (Schaut nach vorne und reagiert nicht)
Arzt: (Lauter) Nehmen Sie bitte die Hände hoch!
Patient: Wie bitte?
Arzt: (Laut) Die Hände hochnehmen.
Patient: Ach so. (Hält Hände ganz hoch)
Arzt: Nein! Nicht so. (Zeigt es ihm) SO!
(Beide Fäuste hält er neben seine Ohren mit dem Handrücken nach vorne zeigend.)

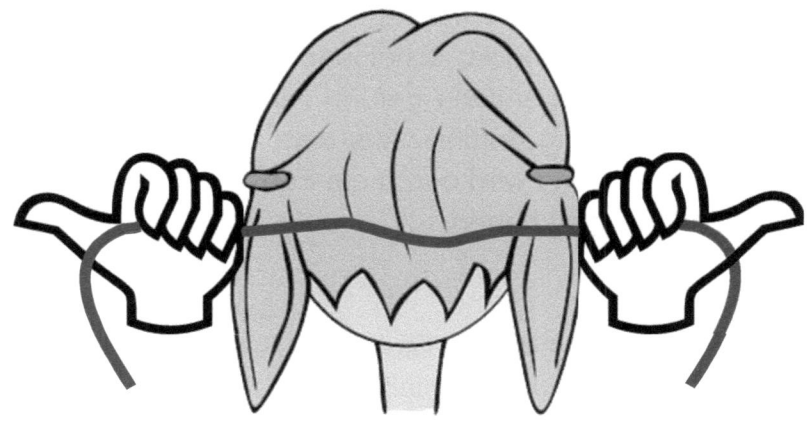

Patient: (Macht es nach)

Arzt: Ich führe nun das Seil in sein Ohr hinein. (Steckt das Seilende in die Faust, zieht es mit der anderen Hand hinter dem Kopf entlang.) Es dauert eine Weile, bis es durch die Gehirnwindungen geschoben ist. (Steckt es in die andere Faust und zieht es wieder heraus.)

Patient: (Hält Seil fest. Es sieht so aus, als würde das Seil durch den Kopf führen.)

Arzt: (Steht hinter ihm und zieht es angestrengt hin und her)

Patient: (Verzieht Gesicht, als ob es unangenehm wäre)

Arzt: Es müssen alle Gehirnwindungen gesäubert und befreit werden. (Zieht das Seil wieder heraus.) (Spricht laut) Können Sie mich jetzt hören?

Patient: Reden Sie doch nicht so laut!

Arzt: Das Experiment ist gelungen. Der Patient ist geheilt. (Beide verbeugen sich.)

Aladins Wundervase

Bei „Aladin´s Wundervase" liegen die Besonderheiten bei dem Spiel mit dem Publikum, das z.B. aufgefordert wird, mit ihrer Zauberpuste den Trick zu unterstützen.

Material: ein Seil, ca. 1 m lang, eine Vase, ein Schaumgummiball

Darsteller: 1 Zauberer
Darstellungsart: Sprechtext mit Geschichte

Effekt:
Ein Seil wird in eine Vase gehängt. Die Vase schwebt an dem Seil und wird auf magische Weise wieder gelöst.

Erklärung:
Besorge dir einen Schaumgummiball in der Größe eines Tischtennisballes oder bastle dir einen aus Schaumgummi. Eine andere Möglichkeit ist, ein Korken zu nehmen und ihn als Ball zurecht zu schneiden.
Du brauchst noch eine Vase mit einem dicken Bauch und einem schmalen Hals.
Stecke den Ball in die Vase hinein. Er sollte gerade durch die Öffnung hindurchpassen.
Wenn du das Seil hineinhängst und kippst die Vase etwas, rollt der Ball zur Öffnung. Er verschließt die Öffnung.
Halte das Seil stramm, so kann der Ball nicht mehr zurückrollen.
Stellst du die Vase auf den Kopf und lässt das Seil los, hält der Ball das Seil fest und es bleibt in der Vase hängen.

Hältst du die Vase richtig herum und hältst das Seil fest, kannst du die Vase loslassen. Sie schwebt am Seil.

Hier hast du eine Möglichkeit, wie du diesen Trick vorführen kannst. Die Anleitungen stehen in Klammern. Du kannst hierbei prima das Publikum miteinbeziehen.

Vorführung:
1. Versuch: (Der Zauberer fragt das Publikum): „Kennt ihr Aladin und die Wunderlampe?" (Die Kinder antworten meistens mit ja).
„Ich habe hier seine magische Wundervase. (Zeigen) Das Wunder an dieser Vase ist, dass dort ein kleiner Geist wohnt. (Drehe die Vase vorsichtig herum. Vorsicht! Das Publikum darf nicht den Ball leuchten sehen.) Ihr könnt ihn aber nicht sehen.

Ich brauche nur ein Seil in die Vase zu hängen und schon...
(Hänge das Seil hinein. Beim ersten Mal kippe die Vase nicht
und lasse das Seil wieder herausfallen. Du erhöhst damit die
Spannung). Oh, was ist denn das? Das Seil fällt herunter.
Einen Moment, der Geist ist etwas schüchtern. Ich höre mal,
was los ist. (Halte die Vase an dein Ohr und tue so, als ob
der Geist dir was erzählt.)
Ah! Ich habe die Zauberpuste vergessen. Ihr müsst alle mit-
pusten".

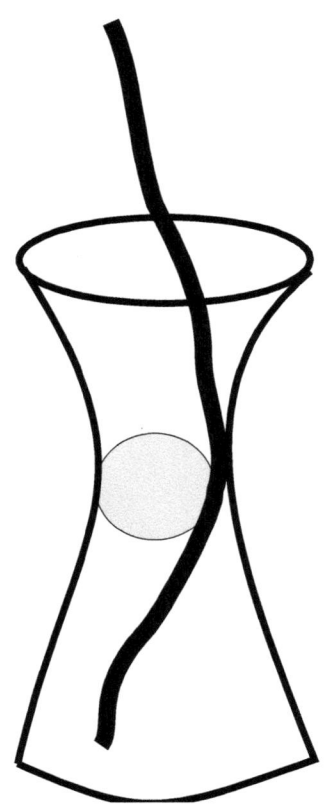

2. Versuch: „Ich stecke das Seil wieder in die Vase hinein.
(Kippe die Vase, der Ball verschließt die Öffnung. Du spürst
es, wenn du das Seil stramm ziehst.)
Und nun brauche ich eure Zauberpuste. Pustet alle. (pusten)
Dann beißt der Geist in das Seil hinein und die Vase schwebt
am Seil (Vase loslassen).

Um die Vase wieder zu lösen, müsst ihr den Namen des
Geistes rufen und der ist Waldemar.
(Alle rufen. Lasse das Seil locker und schon rollt der Ball zurück. Das Seil gleitet aus der Vase heraus. Verbeuge dich
und empfange deinen Applaus.)“

3. Kapitel: Kartentricks

Spielkarten sind einfache Trickgegenstände und in fast jedem Haushalt zu finden. Bei Tricks mit Karten kommt es vor allem auf ein gutes Gedächtnis und die Konzentration an. Fingerfertigkeit ist gefragt und auch das Mischen und Abheben sollte vorher geübt werden, damit es während der Vorführung nicht ungelenk aussieht oder die Karten sogar herunterfallen.

Spiel: Karten ziehen

Material:
Ein Kartenspiel mit 32 Blatt
Für jeden Teilnehmer einen Stuhl

Anzahl der Teilnehmer: Mindestens 6-30, ein Spielleiter
Spielort: Drin oder Draußen

Vorbereitung:
Die Stühle werden im Kreis aufgestellt. Die Teilnehmer setzen sich auf ihre Stühle und merken sich ihren Platz. Der Spielleiter hat keinen Stuhl und steht innerhalb des Kreises. Er hält ein gemischtes Kartenspiel in der Hand. Der Kartenrücken zeigt nach oben.

Spielablauf:
1. Der Spielleiter lässt jeden Teilnehmer eine Karte ziehen. Die Teilnehmer merken sich das Zeichen ihrer Karte. Das kann Herz, Pik, Kreuz oder Karo sein.
2. Der Spielleiter sammelt alle Karten wieder ein und mischt das Spiel erneut.

3. Er deckt immer eine Karte auf und nennt laut deren Zeichen, z.B. Karo. Danach legt er sie unter den Stapel.

4. Alle Kinder, die dieses Zeichen haben, dürfen ein Platz weiter nach links rücken. Da dort schon ein Kind sitzt, dürfen sie sich auf dessen Schoß setzen.

5. Der Spielleiter nimmt die nächste Karte. Wieder rücken die Kinder mit diesem Zeichen ein Platz weiter.

Die Kinder auf dessen Schoß bereits jemand sitzt, dürfen nicht weiterrücken. Sie sind festgezaubert. Sie dürfen erst weiter, wenn sie wieder frei sind. Es dürfen auch mehrere Kinder auf einem Platz sitzen. Es sitzt ein Kind auf dem anderen und so fort. Es darf immer nur das Kind weiterrücken, das oben sitzt.

Gewonnen hat das Kind, das zuerst wieder auf seinem Platz angekommen ist. Es ruft laut: „Ich bin angekommen."
Damit ist das Spiel zu Ende.

Es kann wieder von vorne beginnen.
Gespielt wird, solange die Kinder Lust haben.

Tipp:
Um zu wissen, welches Kind welches Symbol hat, kannst du Wäscheklammern verteilen. Dazwischen wird ein Zettel geklemmt worauf das Zeichen gemalt ist. Diese Klammer stecken sich die Mitspieler an die Kleidung.

Hellsehen

Material: - ein Kartenspiel mit 32 Karten.

Effekt: Du sagst drei Mal eine Karte voraus.

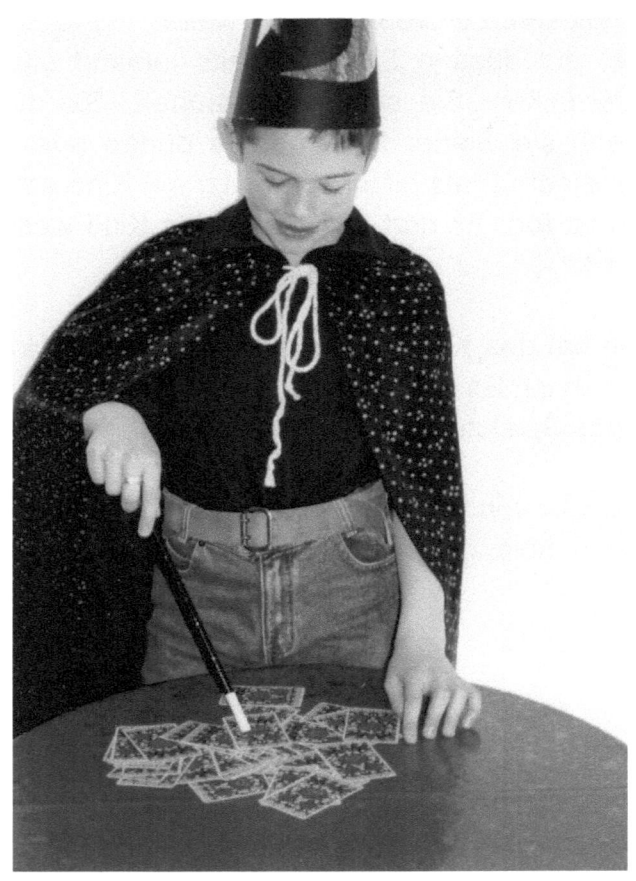

Vorführung:
Nimm den Stapel mit den 32 Spielkarten in deine Hand. Mische sie und merke dir unauffällig die unterste Karte, z.B.

Herz 7.

Lege die Karten verdeckt auf den Tisch und verteile sie. Merke dir, wo die unterste Karte liegt, die du dir behalten hast. Bitte einen Assistenten zu dir zu kommen. Sag ihm, dass du hellsehen kannst. Du wirst wissen, auf welche Karte er tippen wird

(Es ist jeweils die Karte, die du dir gemerkt hast.).

Wahrscheinlich tippt er auf eine andere Karte. Das ist in Ordnung, schließlich sind die Karten ja verdeckt. Nimm seine gewählte Karte in deine Hand, und schau sie dir an z.B. Kreuz 8.

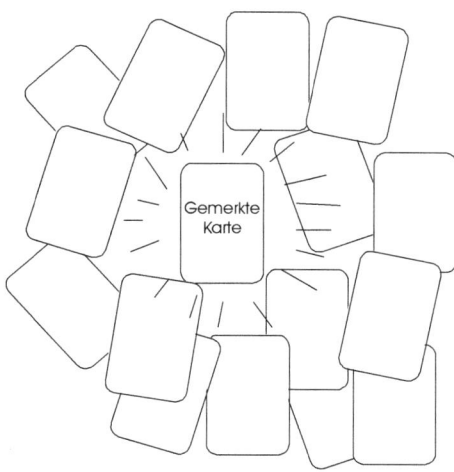

Zeige sie niemandem. Diese Karte nennst du als Nächstes.
Sage zu deinem Assistenten, oder zu einem anderen Zuschauer: Tippe auf die Karte Kreuz 8." (Nenne die Karte, die du eben aufgenommen hast.)
 Er tippt mit Sicherheit auf eine andere Karte, z.B. auf Karo Bube, da du die Karte Kreuz 8 bereits in deiner Hand hältst.
Nimm die Karte auf die er diesmal tippt, ohne sie zu zeigen. Schau sie dir an.

Du nennst als nächstes die Karte, die du als Letztes aufgenommen hast. "Ich nehme nun die Karte Karo Bube." Da du die Karte schon besitzt, nimmst du nun die Karte, die du als erstes genannt hast, und dir hoffentlich gemerkt hast, Herz 7. Du hältst nun in deiner Hand Kreuz 8, Karo Bube und Herz 7, nur in anderer Reihenfolge, wie du sie genannt hattest. Lege sie offen auf den Tisch, aber in der richtigen Reihenfolge und empfange deinen Applaus.

Führe es mystisch vor, indem du z.B. die Augen schließt und sagst: „Ich sehe, dass du auf die Karte Herz 7 tippen wirst." Lasse dir einen Moment Zeit, bevor du die Karte nennst.

Erklärung:
Als Erstes bekommst du eine falsche Karte von deinem Zuschauer. Als Nächstes nennst du die Karte, die du bereits auf der Hand hast. Du nennst sozusagen die Karte, die vorher schon gewählt wurde. Da nur du die Karten siehst, merkt diesen kleinen Unterschied niemand. Der Zauber geht auf, da du als Letztes die Karte nimmst, die du als Erstes genannt hast. Verstanden!? Probiere es aus. Wenn du weißt, wie es geht, ist es ganz einfach.

Tipp:

In einigen Fällen nimmt dein Zuschauer tatsächlich als Erstes die Karte, die du dir gemerkt hast und als Vorhersage getroffen hast. Das ist besonders gut. Lasse sie sofort von ihm umdrehen und aufdecken. Deine Vorhersage hat gestimmt und sogar ohne, dass du die Karten noch einmal berührt hast. Bravo! Der Trick ist an dieser Stelle schon beendet. Du kannst ihn, wenn du möchtest, wiederholen.

Das Wissen der Karten

Material: ein Kartenspiel mit 32 Blatt, Zettel, Stift

Die Wahrsagekunst umfasst Hellsehen, Gedankenlesen, die Zukunft voraussehen und Vorhersagen treffen. Die Karten können dir auch Fragen beantworten

Effekt: Du schreibst auf den Zettel eine Karte, z.B. Herz Ass. Genau diese Karte wird dein Zuschauer aus dem Stapel herausfinden. Somit hast du die Karte vorhergesagt.
Vorbereitung:

Präpariere das Spiel so, dass du dir jeweils die oberste Karte auf dem Kartenstapel unauffällig merkst, z.B. Herz Ass.
Nimm das Kartenspiel und lege den Stapel, mit der Bildseite nach unten, vor dich auf den Tisch.

Hierbei wird eine Karte vorhergesagt.

Erklärung:

Der Trick ist sehr einfach. Deine Zuschauer nehmen es nicht wahr, dass sie eigentlich nur dieselben Karten umdrehen.

Vorführung:

Variante 1:

Erzähle deinen Zuschauern, dass du eine Vorhersage treffen wirst.

1) Lege den Kartenstapel mit der Rückseite nach oben auf den Tisch.

2) Wähle einen Assistenten und bitte ihn zu dir.

3) Schreibe die Karte, die du dir unauffällig gemerkt hast, da sie oben auf dem Stapel liegt, auf einen Zettel.
4) Falte ihn zusammen und lege ihn auf den Tisch.
5) Gib deinem Assistenten die Anweisung, dass er circa 1/3 vom Kartenstapel abheben soll. Dann soll er die Karten umdrehen und mit der Bildseite nach oben wieder auf den Stapel legen.
6) Als Nächstes soll er circa 2/3 des Stapels abheben, herumdrehen und ebenfalls wieder auflegen.
7) Bitte ihn, die Karten auszubreiten. Die oben liegenden Karten sind mit der Bildseite nach oben ausgebreitet, die darunter liegenden mit der Rückseite.
8) Der Zuschauer hatte frei gewählt, an welcher Stelle er abheben wollte. Du konntest ihn nicht beeinflussen.
9) Nimm den Zettel und lese die Vorhersage laut vor.
10) Dein Zuschauer darf nun die erste verdeckte Karte von oben im Stapel aufdecken und den Wert der Karte nennen. Es ist deine Vorhersage.
11) Bedanke dich bei deinem Assistenten und nehme deinen Applaus entgegen.

4. Kapitel: Münzen und Streichhölzer

Der Trick „die magnetischen Streichhölzer" ist leicht vorzuführen. Das Publikum erhält den Eindruck, dass das Unmögliche möglich wird, ein Streichholz magnetisch zu machen.
Zum Üben kannst du sicherheitshalber die Köpfchen der Streichhölzer abbrechen lassen.

In einer meiner Gruppen befand sich ein sehr schüchternes Mädchen. Sie war 9 Jahre alt und hatte eine starke Rückenkrümmung. Sie war Einzelgängerin und von niemandem groß beachtet. Das Mädchen hatte die Aufgabe übernommen, den Trick mit den magnetischen Streichhölzern vorzuführen. Sie trat vor das Publikum und sprach nur wenige Sätze. Doch die reichten aus. Sie bekam einen großen Applaus. Sie blühte regelrecht auf. Nach der Aufführung kam das Mädchen zu mir und sprach: „Das war der schönste Tag in meinem Leben." Ich bekomme heute noch Gänsehaut, wenn ich daran denke.
Durch diesen Trick traute sich das Mädchen vor Publikum zu sprechen. Endlich konnte sie etwas, wodurch sie Aufmerksamkeit bekam. Alle achteten nur darauf, was sie konnte und was sie zu sagen hatte.

Bei der verschwundenen Münze wird mit Papier, Schere und Kleber gebastelt. Der weiße Papierrand bedeckt die Münze, die auf einem weißen Blatt liegt. Weiß auf weiß wird von dem Auge nicht unterschieden. Es erscheint als eine einzige Fläche. So wird die darunterliegende Münze nicht wahrgenommen.
Dieser Trick kann als Tischzauberei im Sitzen vorgeführt werden.

Denke dir eine passende Geschichte aus, mit der der Trick vorgeführt wird. Personen wie König, Zauberer und Räuber können darin vorkommen.

Die magnetischen Streichhölzer

Material: 3 Streichhölzer, Ventilgummi ca. 2 cm, Streichholz-schachtel

Darsteller: 1 Zauberer
Darstellungsart: Sprechtext

Effekt: Der Zauberer hält zwei Streichhölzer in seiner Hand zwischen Daumen- und Zeigefingerkuppe. Ein drittes Streichholz reibt er an seiner Hose. Es ist nun magnetisch. Wenn er es an eines der anderen hält, wird es angezogen und bewegt sich darauf zu.

 2. Variante:
Die zweite Variante ist etwas schwieriger vorzuführen. Es wird viel mit dem Assistenten kommuniziert. Der schwierigste Moment ist das Austauschen der Hölzer und das Hineinste-cken der Hölzer des Assistenten in das Ventilgummi. Das Gummi darf hierbei nicht sichtbar sein. Für einen geübten Zauberlehrling ist das allerdings kein Problem.

Erklärung: Der Trick ist ganz einfach:
1. Besorge dir in einem Fahrradladen ein Stück Ventilgummi. Du brauchst für den Trick ca. 2 cm.
2. Stecke die 2 Streichhölzer auf das Ventilgummi. Eins auf jeder Seite. Lasse in der Mitte etwas frei, damit du es knicken kannst.

Übung: Wenn du nun das Ventilgummi umknickst, kannst du die Streichhölzer zwischen Daumen und Zeigefingerkuppe festhalten. Lasse die Finger an der vorderen Stelle etwas locker. Sofort bewegt sich das Streichholz zur Seite.

Hältst du das dritte Streichholz mit deiner anderen Hand daran, so ungefähr in 1,5 cm Abstand, sieht es so aus, als ob es magnetisch angezogen werden würde. Dabei ist es nur das Ventilgummi, das wieder in Ausgangsstellung zurück will. Übe diesen Ablauf, damit der Abstand zwischen den Hölzern gleich bleibt. Achte darauf, dass das Ventilgummi nicht vom Zuschauer zwischen deinen Fingern zu sehen ist.

Vorführung: Hole aus deiner Tasche eine Streichholzschachtel. Daraus nimm 3 Streichhölzer.

(Erzähle, was du gerade machst. Der Text kann z.B. so aussehen) „Ich habe hier 2 Streichhölzer (zeigen). Streichhölzer bestehen aus Holz. Normalerweise ist Holz nicht magnetisch. Dieses Streichholz streiche ich an meiner Hose entlang und lade es auf. (Zeige das 3. Streichholz.) Es wird magnetisch. (Halte es an das Vordere der anderen beiden und lasse die Finger locker. Wiederhole danach den Vorgang.)

Ich zeige es noch mal, aber nun bewegt es sich von unten nach oben.

(Halte die Streichhölzer quer, damit es sich nach oben bewegen kann.)

Das waren die magnetischen Streichhölzer (empfange deinen Applaus).“

Tipp: Nimm vor größerem Publikum zur Vorführung Riesenstreichhölzer. Die sind besser zu sehen. Sie sind ca. 10 cm lang.

Die verschwundene Münze

Materialien: 1 Tisch, 1 Stuhl, 1 Münze, 1 durchsichtiges Trink-glas, 2 Blätter weißes Papier Din A 4, 1 Bleistift, Kleber, Schere
1 undurchsichtiges Tuch ca. 30 x 30 cm, Zauberstab

Darsteller: 1 Zauberer
Darstellungsart: Sprechtext

Effekt:
 Ein Glas steht auf einem weißen Blatt Papier. Es wird mit einem Tuch abgedeckt und auf eine Münze gestellt. Wenn das Tuch abgenommen wird, ist die Münze verschwunden.
Das Tuch wird wieder drüber gedeckt und das Glas daneben gestellt. Die Münze ist wieder erschienen.

Erklärung:
Bevor du diesen Trick vorführen kannst, musst du ein biss-chen basteln:
   1. Stelle das Glas mit der Öffnung nach unten auf ein Blatt Papier. Zeichne den Umriss des Glases mit ei-nem Bleistift nach. Es entsteht ein Kreis.
   2. Schneide den Kreis aus.
   3. Klebe den Kreisausschnitt auf die Öffnung des Glases. Nun bist du vorbereitet.

Wenn du das Glas mit dem Kreis auf die Münze stellst, ist sie scheinbar verschwunden. Das Papier deckt die Münze ab.
Das Tuch dient dir als Hilfsmittel, damit die Zuschauer das Papier nicht sehen können. Der weiße Kreisausschnitt wird

auf dem weißen Blatt Papier, auf dem die Münze liegt, nicht wahrgenommen.

Vorführung:
Setze dich an einen Tisch. Dort liegt ein Blatt Papier. Darauf steht verkehrt herum ein Glas. Daneben liegt ein Tuch.

Lasse dir von einem Zuschauer eine Münze geben, die du auf das Papier legst. Das Glas decke mit dem Tuch ab und stelle es auf die Münze.

Mit deinem Zauberstab machst du eine magische Bewegung und sprichst einen Zauberspruch.

Nun nimmst du das Tuch wieder ab. Siehe da, die Münze ist verschwunden.

Lege das Tuch wieder auf das Glas. Mache die magische Bewegung rückwärts und nimm das Tuch samt Glas ab und stelle es daneben auf das Blatt.

Die Münze ist wieder erschienen. Gib sie zurück.

5. Kapitel: Würfel und magische Quadrate

In diesem Kapitel geht es um Zahlen, geometrische Formen und magische Gebilde.
Bei den Quadraten handelt es sich um Denksportaufgaben.
Zahlen sind seit langer Zeit von Interesse der Menschen.

Das Papierquadrat entfaltet seine beste Wirkung, wenn du es fertig zur Ansicht vor dich auf den Tisch stellst. Deine Zuschauer dürfen es von allen Seiten betrachten, aber nicht anfassen, da sie sonst das Geheimnis erkennen.
Bei dem Papierquadrat wird das räumliche Denken gefördert. Unser Verstand kann die Drehung des Papiers nicht nachvollziehen. So erscheint es unserem Gehirn unmöglich, die Figur nach den Naturgesetzen herzustellen. Wir müssen sozusagen um die Ecke denken, um die Figur nachzumachen.
Gib deinen Zuschauern mehrere Blätter zum Testen, da sie sich sicherlich öfters verschneiden werden. Sie werden staunen, wie einfach die Lösung ist.

Der Würfel ist eine geometrische Figur. Damit kannst du die Naturgesetze auf den Kopf zu stellen. Bei dem Würfeltrick brauchst du keine Vorbereitung. Geeignet ist der Trick für ein kleines Publikum.

Zahlen einmal anders. Die magischen Quadrate stammen aus alten Überlieferungen.

Wie erstellt man ein quadratisches Papier aus einem rechteckigen Blatt?

Falte einfach eine Ecke zu der gegenüberliegenden Seite. Schneide das überstehende rechteckige Stück ab.

Die Aufgaben sind geeignet für:
- Es unterstützt detektivisches Forschen, sucht nach der Ursache und dem zugrunde liegenden Geheimnis.
- Es fördert das Hinterfragen von Vorgegebenem.
- Förderung des ganzheitlichen Denkens und Erfahrung, dass eins mit dem anderen zusammenhängt.

Der Würfel

Material: Würfel

Der Würfel ist ein magisches Gebilde. Er ist wohl jedem bekannt und wird in vielen Brettspielen eingesetzt. Sicherlich weißt du auch, dass er sechs Seiten besitzt. Der Würfel besteht aus zwölf Kanten und acht Ecken. Jeder Seite liegt eine andere Seite gegenüber und jede Kante ist gleich lang. Jede Seite ist genauso lang wie die anderen. Aber weißt du auch, welche Zahl auf der gegenüberliegenden Seite ist? Welche Zahl liegt der 1 gegenüber? Das Geheimnis ist, dass alle gegenüberliegenden Seiten die Zahl 7 ergeben. Der Zahl 1 liegt also die 6 gegenüber. Auf der anderen Seite der 2 steht die 5 und bei der 3 ist es die 4. Ganz einfach. Prüfe es nach.

Doch du als Zauberer kannst diese Formel auf den Kopf stellen und durcheinander bringen.
Das geht so:

1. Nimm einen Würfel und halte ihn mit Daumen und Zeigefinger fest.
2. Zeige eine Seite. Erzähle, dass sich auf der gegenüberliegenden Seite die 2 befindet, denn das Ergebnis muss immer 7 ergeben.
3. Drehe die Hand nach hinten und zeige die 2.
4. Drehe die Hand zurück und zeige wieder die 5. Bis dahin ist alles ganz normal.
5. Du als Zauberer kannst den Würfel verzaubern, sodass das nicht mehr stimmt.
6. Drehe die Hand wieder herum. Diesmal machst du eine zweite Bewegung. Bewege den Daumen nach oben und den Zeigefinger zurück. So gelangst du mit den Fingern auf eine andere Würfelseite. Die Bewegung wird von den Zuschauern nicht wahrgenommen, wenn du sie in Verbindung mit der Handdrehung machst. Machst du beide Bewegungen zusammen, so erscheint eine andere Zahl, z.B. die 3. Übe diese Bewegung allein für sich.

Es wird immer die Zahl sichtbar, die unter deinem Zeigefinger steht. So kannst du eine Vorhersage machen, welche Zahl erscheinen wird.

7. Drehst du die Hand wieder nach vorn, ist auch die 5 verschwunden. Natürlich kannst du wieder die 5 erscheinen lassen, indem du die Bewegungen rückwärts machst.

Das magische Quadrat

Zahlen verbergen viele magische Geheimnisse, so auch bei dieser Aufgabe. Zahlenquadrate sind schon sehr alt. In magischen Schriften nannte man sie „Heilige Planetentafeln" und sie besaßen angeblich himmlische Kräfte. Den Ursprung findet man in Indien.

Eine Denksportaufgabe:
Das ist ein magisches Quadrat. Es besteht aus 9 Feldern. Kopiere die Seite und schneide die Kreise mit den Zahlen aus. Klebe sie auf Tonpapier, damit sie haltbarer sind. Lege sie in die Felder zum Ausprobieren.
Nimm die Zahlen von 1 – 9. Schaffst du es, die Zahlen in den Feldern so anzuordnen, so dass die Zahlen in den waagrechten Feldern in einer Reihe addiert jeweils die Summe 15 ergeben? Weiterhin müssen ebenfalls alle senkrechten und diagonalen Reihen das Ergebnis 15 ergeben.
Das ist schwierig, aber es funktioniert.

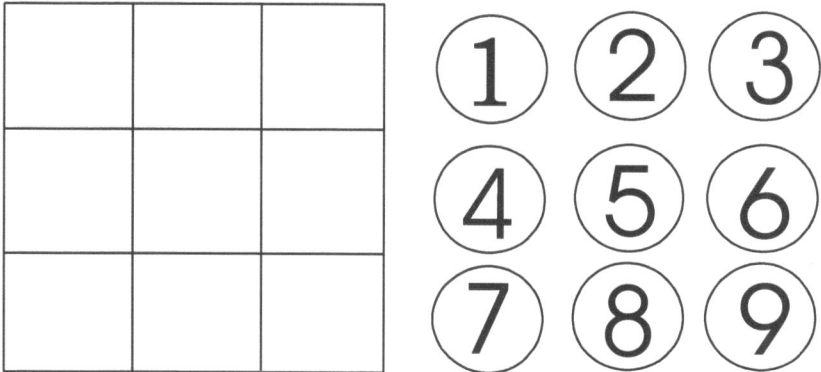

Tipp:
Fange mit der mittleren Zahl an. Sie ist am einfachsten, da sie in allen Reihen vorkommt.

Gehe logisch vor. Da die mittlere Zahl mit allen Reihen verbunden ist, kann es weder eine Hohe noch eine Niedrige sein.
Die Lösung findest du auf der anderen Seite.

Ein weiteres Quadrat ist folgendes: Es besteht aus 16 Zahlen. Hier gibt es 4 Zahlen in einer Reihe. Das Ergebnis ist jeweils 34. Es kommt dazu, dass ebenfalls die 4 Eckzahlen zusammen addiert 34 ergeben, sowie auch die mittleren Zahlen. Da es sehr schwierig ist, steht hier die Lösung.

4	14	15	1
9	7	6	12
5	11	10	8
16	2	3	13

Lösung:

8	1	6
3	5	7
4	9	2

Das Papierquadrat

Material: Schere, ein quadratisches Papier, ca. 10 cm x 10 cm

Effekt:
Ein quadratisches Stück Papier ist mit drei Schnitten und einem Knick so zu bearbeiten, dass eine Figur entsteht, die unmöglich nachzumachen erscheint. Oder ist es doch ganz einfach?
Was ist ein Quadrat? Es ist ein Viereck mit vier gleich langen Seiten.

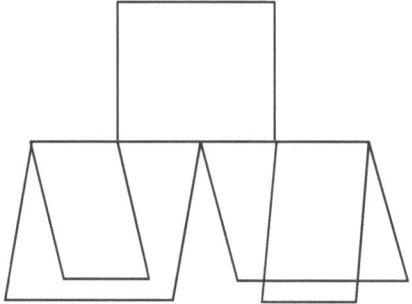

Aufgabe:
Bist du ein großer Tüftler? Dann ist diese Aufgabe besonders für dich geeignet. Beim Zaubern scheint es manchmal nicht mit rechten Dingen zuzugehen. Aber es ist alles erklärbar. So auch bei diesem Rätsel.

Schau dir die Figur von allen Seiten an. Du darfst sie nur nicht anfassen, sonst siehst du die Lösung. Du brauchst keinen Kleber um sie herzustellen. Sie wurde nicht zusammengesteckt. Sie besteht aus einem Stück Papier. Versuche, ob du es nachmachen kannst.

Tipp: Du musst drei gleichlange Schnitte mit der Schere machen und einen Knick in der Mitte. Danach drehe es in die richtige Position.

Erklärung:
Die Lösung ist ganz einfach, wenn du sie weißt.

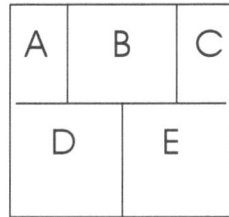

1. Knicke das Papier einmal quer in der Mitte.
2. Schneide es von unten her in der Mitte bis zu dem mittleren Knick ein (zwischen D + E).
3. Schneide von oben zwei Schnitte jeweils 2,5 cm vom Rand entfernt bis zum Knick.
4. Die obere linke Falte A knicke nach hinten.
5. Die obere rechte Falte C knicke nach vorne zu dir.
6. Die rechte untere große Falte E knicke zurück nach hinten.
7. Die obere große Falte B bleibt nach oben gerichtet stehen.
8. Die linke große untere Falte D wird nach vorne zu dir gedrückt. So entsteht die Figur.

Der Lügendetektor

Material: 2 bunte Papierblätter 21 cm x 21 cm, Kleber, Schere, Glanzpapier in vier Farben.

Darsteller: ein Zauberer oder Zauberin
Darstellungsart: Sprechtext mit märchenhafter Geschichte

Effekt: Der Zauberer steht vor einem Tisch und bittet einen Zuschauer zu sich. Der Zuschauer sucht sich eins von vier Symbolen aus. Der Zauberer stellt ihm eine Frage, die er beantwortet.
Wenn er die Wahrheit sagt, erscheint das Symbol, nachdem der Zauberer das Quadrat zu und wieder aufgefaltet hat, in dem mittleren Fenster. Lügt er erscheint ein falsches Symbol.

Anleitung:
1) Nimm die beiden Papiere und zeichne eine Markierung der beiden Blätter mit einem Bleistift nach jeweils 7 cm vom Rand entfernt. Es ergeben sich 8 Markierungen auf einem Blatt.
2) Knicke die beiden Blätter in drei 7 cm große Teile, drei waagrechte und drei senkrechte Teile.

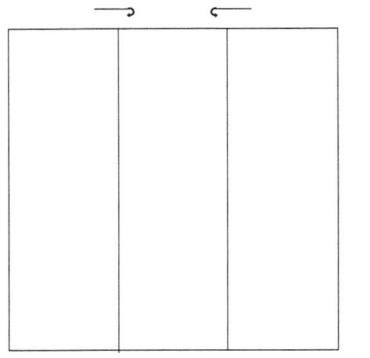

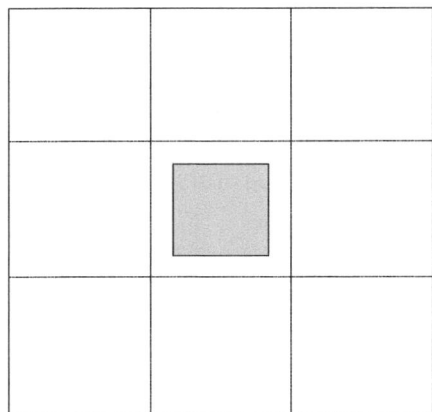

Es entstehen zwei Blätter mit je zwei senkrechten und waagrechten Falten. Es sieht aus wie ein Gitter.

3) Schneide ein Fenster aus der Mitte heraus, mit 1 cm Abstand zu dem Rand des inneren kleinen Quadrates (siehe schraffierte Fläche). Wiederhole es bei dem zweiten Blatt.

4) Schneide vier verschiedenfarbige Symbole jeweils zweimal aus dem Glanzpapier aus, z.B. Sonne, Mond, Stern und Quadrat.

5) Klebe die Symbole auf die vier mittleren Quadrate am Rand auf beide Blätter auf.

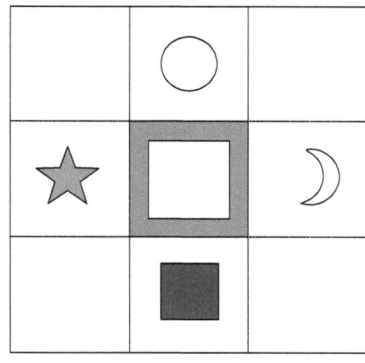 (die schraffierte Fläche um das Fenster)

6) Klebe die beiden Blätter an der schraffierten Fläche von der Rückseite an dem Rahmen des Fensters zusammen.

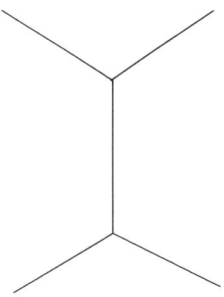 Von der Seite zu sehen

Der Trick ist fertig. Nun musst du den Lügendetektor nur noch zusammenfalten.

Durchführung:
1) Die obere Falte des oberen Blattes klappe nach unten.
2) Die Untere klappe über die andere nach oben.
3) Dann die Linke.
4) und dann die Rechte.
5) Drehe das Blatt herum. Im Fenster ist nun ein Symbol

erschienen, das von dem bereits gefalteten Blatt stammt.

6) Wiederhole die Faltvorgänge mit dem zweiten Blatt. Es ergibt ein 7 cm x 7 cm großes Faltblatt. Es entsteht der Eindruck, als ob nur ein Blatt gefaltet ist.

So ist es vorführbereit.

Das Geheimnis:
Es erscheint immer das Symbol, welches du auf der anderen Seite zuerst in die Mitte auf das Fenster gefaltet hast.

Vorführung:
Bitte einen Assistenten aus dem Zuschauerraum zu dir. Teste, ob er die Wahrheit sagt. Dann erscheint sein Symbol in der Mitte.

1) Falte das obere Blatt auseinander. Das untere Blatt befindet sich zusammengefaltet, für den Zuschauer nicht sichtbar, darunter.
2) Lasse von dem Assistenten ein Symbol auswählen.
3) Falte dieses Symbol als Erstes in die Mitte über das Fenster, es wird später in der Mitte erscheinen.
4) Falte dann die anderen drei Seiten zu.
5) Nimm den Lügendetektor in die Hand. Lasse die Person Zauberpuste darauf pusten.
6) Drehe den Lügendetektor unauffällig herum, während du ihn zu seinem Mund führst, um ihn pusten zu lassen.
7) Falte nun die andere, oben liegende Seite auf. Das gewünschte Symbol erscheint in der Mitte.

Dein Assistent spricht die Wahrheit.

Bitte einen anderen Assistenten zu dir zu kommen. Stell ihm eine Frage, auf die er eine falsche Antwort gibt, z.B.: Welcher Wochentag ist heute?
Lasse noch einmal ein Symbol auswählen. Falte nun ein anderes Symbol als Erstes in die Mitte. Wenn du es wieder öffnest, ist ein falsches Symbol erschienen. Dein Assistent spricht nicht die Wahrheit.

Die Geschichte:
Hier ist eine Geschichte, die du mit dem Trick verbinden und vorführen kannst. Lerne sie auswendig und übe es vorzuführen.

Es war einmal ein großer Zauberer und der hieß Merlin. Merlin wurde von dem Sultan El Ali Bert eingeladen, um eine Zaubervorstellung zu geben. Merlin zeigte seine besten Zaubertricks. Es wurde ein großer Erfolg. Danach lud der Sultan ihn zu einem großen Festmahl ein.
Der Sultan schüttete Merlin sein Herz aus. Die Hälfte seiner Untertanen war nicht ehrlich zu ihm. Sie belogen und betrogen ihn. Vor allen Dingen sein Finanzminister. Aber sonst wusste er nicht, wer noch unehrlich zu ihm war. Merlin hörte andächtig zu. Er überlegte: "Vielleicht kann ich dir helfen!"
Sein Großvater besaß einen großen Zauber. Mit dem kann man solch ein Problem lösen. Merlin erinnerte sich an die Anleitung und begab sich sogleich an die Aufzeichnungen.
Am nächsten Tag war er fertig. Er präsentierte dem Sultan den Lügendetektor. Es sah aus wie ein zusammengefaltetes Stück Papier (zeige das zusammengefaltete Papierquadrat). Es war nicht sehr groß. Im Inneren gab es vier verschiedene Symbole. In der Mitte befand sich ein Fenster (falte es auf).
"Mit diesem Lügendetektor kann ich die Lügner entlarven",

erzählte er dem Sultan. Das war eine tolle Idee. Sofort ließ der Sultan alles Nötige anordnen. Jeder seiner Untertanen musste bei ihm antreten. Alle stellten sich in einer Reihe vor Merlin auf.

Erst der Finanzminister. Merlin zeigte ihm die Symbole. Er suchte sich die Sonne aus. Merlin faltete und ließ ihn pusten. Er faltete es auf und es erschien der Mond. Er hatte also gelogen. Der Sultan ließ ihn sofort entlassen.
Ich brauche nun einen Zuschauer, der einen Untertan spielt. (Bitte einen Zuschauer zu dir). Du spielst den Koch/ die Köchin. Hast du mir die Wahrheit gesagt? (Koch/Köchin antwortet).
"Suche dir bitte eins von den vier Symbolen aus. (dein Assistent nennt dir ein Symbol).
Ich falte das Papier zu (falte zuerst das Symbol, das dein Assistent sich ausgesucht hat). Bitte puste auf den Lügendetektor. (Halte ihm das Papier hin, dabei drehst du es unauffällig herum).
Wenn ich es wieder auffalte, ist eins der Symbole im Fenster erschienen. Sagst du die Wahrheit, so stimmt das Symbol im Fenster mit deinem ausgewählten Symbol überein. Lügst du, so erscheint ein anderes Symbol in der Mitte. (auffalten. Lasse die Symbole übereinstimmen). Du hast die Wahrheit gesagt, du darfst bleiben."
Und so konnten sie alle Betrüger entlarven. Der Sultan verkündete in seinem ganzen Reich, dass er neue, ehrliche Untertanen einstellt, die er reich belohnen wollte. Merlin blieb so lange bei ihm, bis sie auch die neuen Untertanen überprüften. Der Sultan war hocherfreut.
Sein Reich wuchs von Tag zu Tag. Er beschenkte seine neuen ehrlichen Untertanen, weil er jetzt glücklich war.

Tipp: Wenn du möchtest, kannst du es noch einmal mit einem anderen Zuschauer probieren, der einen Untertan spielt, der gelogen hat.
Der Trick ist sofort wieder ohne Vorbereitung vorführbar.
Viel Spaß und gut Trick!

6. Kapitel: Zauberhafte Seifenblasen

Hast du auch verträumt Seifenblasen nachgeschaut? Oder bist du ihnen hinterhergelaufen, um sie zu fangen? Bestimmt platzten viele, bevor du sie fangen konntest?
Weißt du noch, wie sie vom Wind getragen lautlos dahinschwebten? Das machte Spaß!
Groß und Klein sind begeistert von Seifenblasen. In einer Zaubershow verleiten sie das Publikum zum Träumen und zum Staunen. Du wirst deine Zuschauer damit faszinieren, denn du wirst besondere Seifenblasen machen.

Alles, was du dazu brauchst, kannst du leicht besorgen und selber herstellen.

Der Pustering

Sogar den Pustering kannst du selber machen.

Material: 1 Korken, 1 Pfeifenreiniger, 1 Nagel

Anleitung:
1) Biege aus dem Ende des Pfeifenreinigers eine Schlaufe.
2) Bohre mit dem Nagel ein Loch in die obere Seite des Korkens
3) Das andere Ende des Pfeifenreinigers stecke in den Korken.

Fertig ist dein Pustering!

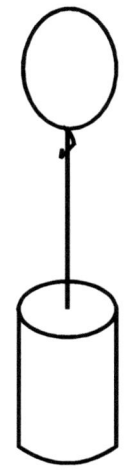

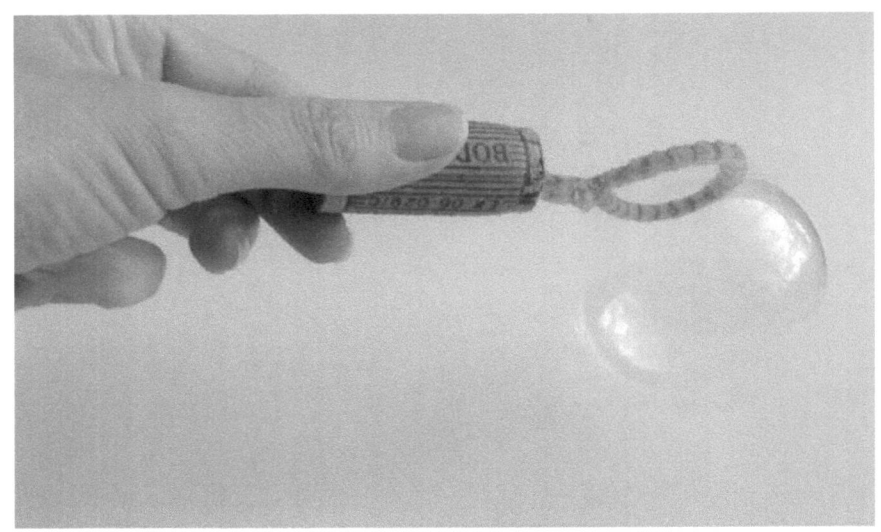

Das Rezept für Riesenseifenblasen

Auch die Flüssigkeit für die Seifenblasen kannst du selbst herstellen. Das Besondere daran ist, dass du damit sogar Riesenseifenblasen machen kannst.

Material:
- 13 Gramm normaler Tapetenkleister
- 5 Liter Wasser
- 1 großer Kochtopf
- 250 Gramm Zucker
- 370 Milliliter Neutralseife
- einen Behälter mit Deckel zum Aufbewahren, z.B. Eimer oder Flaschen

Anleitung:

Die Herstellung braucht 2 Tage.

1.Tag:

1) 4 Liter Wasser fülle in einen großen Kochtopf.
2) Darin verrühre den Zucker.
3) Gebe die Neutralseife hinzu.
4) Koche die Flüssigkeit auf.
5) Lasse es über Nacht stehen und abkühlen.

2.Tag:

6) Löse den Tapetenkleister in einem Liter Wasser auf.
7) Gebe am nächsten Tag den aufgelösten Kleber in die kalte Flüssigkeit.
8) Verrühre diese Mixtur.

FERTIG!

Tipp: Damit nichts verdunstet, schütte die Seifenmasse in Behälter, für die du auch einen Deckel hast.

Vor jedem Gebrauch bitte umrühren!

Mit dieser Flüssigkeit wurden schon viele Wettbewerbe ausgetragen. Wer schafft die größte Blase? Auch im Kindermuseum in Berlin werden tolle Experimente damit ausgeführt.

Seifenblasenstab für Riesenseifenblasen

Damit du Riesenseifenblasen damit machen kannst, brauchst du natürlich einen geeigneten Ring.

Material: 2 Bambusstäbe je 60 cm lang, 2 Seile 60 cm und 100 cm lang, Klebstoff

So geht es:
Wickele das Ende des 60 cm langen Seiles um das Ende des Bambusstabes und verknote es.

Gib etwas Klebstoff darauf, damit es später nicht verrutscht. Wiederhole dies mit dem anderen Ende des Seiles. Knote es an den zweiten Bambusstab.
Knote das andere Seil an das erste Seil neben dem Stab.
Das Ende knote an das erste Seil neben dem zweiten Stab.
Es entsteht eine Schlaufe.

In die Mitte des zweiten Seiles knote einen Knoten hinein.

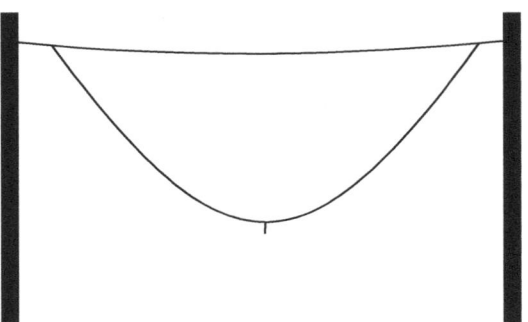

Vorführung

Gib die Schlaufe in die Seifenblasenflüssigkeit hinein. Halte die Stäbe zusammen. Wenn du sie herausziehst, breite sie auseinander und gehe etwas zurück. Es entsteht eine große Blase. Halte die Stäbe zusammen, um die Blase zu schließen. Durch den Knoten wird das Seil nach unten gehalten.
Das macht riesigen Spaß. Am Besten machst du das draußen. Drinnen decke den Boden ab, damit keine Flüssigkeit darauf fällt.

1) Stelle dir den Behälter mit der Seifenlauge bereit, sowie den großen Ring.
2) Tauche die Schlaufe in den Behälter.
3) Ziehe ihn heraus. Du brauchst nicht zu pusten. Ziehe ihn einfach durch die Luft.
4) Es entsteht eine riesige Seifenblase. Halte die Stäbe zusammen, um die Blase zu schließen. Schon schwebt sie anmutig durch die Luft.
5) Übe es einige Male, um den Zeitpunkt zu erspüren, wie groß du die Blase machen kannst, bis sie platzt.

Spiele Musik die im Hintergrund leise dazu läuft. Romantische Stücke unterstützen die Wirkung der Vorführung.
Den Eimer für die Vorführung verziere mit Goldfolie, so sieht er schöner aus.

Hier siehst du, wie groß die Seifenblasen werden können.

Seifenblasenexperimente: Der Trichter

Material: ein Trichter aus der Küche, Strohhalm, Seifenbla-
senlauge, Behälter

Vorbereitung:
Besorge einen Trichter aus der Küche oder aus einer Haus-
haltswarenabteilung. Probiere mit dem Trichter, Seifenblasen
zu machen.

Vorführung:
1) Fülle Flüssigkeit in einen kleinen geeigneten Behälter, in den der Trichter hineinpasst.
2) Tauche die große, breite Öffnung waagrecht in die Flüssigkeit hinein und ziehe den Trichter wieder heraus. Es bildet sich die Seifenblasenhaut.
3) Blase durch die kleine Öffnung. Die Oberfläche wölbt sich und bildet eine Kugel. Du kannst sie wie einen Ballon aufblasen.
4) Wenn du den Trichter nach vorne kippst, rollt sich die Kugel ab und schließt sich. Sie schwebt frei in der Luft.

Probiere eine andere Kugel zu pusten. Versuche herauszufinden, wie groß du sie blasen kannst, bevor sie platzt.

Kleine Blasen in einer großen

1) Erstelle eine weitere Kugel.
2) Tauche nun den Strohhalm in die Flüssigkeit und feuchte ihn an.
3) Stecke den Strohhalm ein Stück in die Seifenblase hinein.
4) Puste hinein. So kannst du kleine Blasen in die große zaubern.

Du wirst begeistert sein, wie gut das funktioniert.

Tipp:
Halte den Trichter schräg, damit dir keine Flüssigkeit in den Mund laufen kann.

Seifenblasen sind Tricks der Stille. Sie führen dich weg vom Alltagsgeschehen und der Hektik hin zur inneren Ruhe.

Man kann sie nicht mit Hast oder mit ruckartigen Bewegungen durchführen. Alles muss fließend sein. Sie sind nur mit Ruhe, Geduld und Gelassenheit durchzuführen. Sie fordern dich auf, langsam und bedächtig zu arbeiten.

Auch das Experimentieren ist sehr beliebt und fordert unentdeckte Talente.

Weiterführende Literatur zu diesem Thema eröffnet ungeahnte Möglichkeiten. Im Handel findest du viele Seifenblasenspiele, die du mit einbauen kannst.

7. Kapitel: Bananen und Teeblätter

Dr. Bananius

Material: 2 Bananen, Zauberstab, Teller, Nadel, Bindfaden, Zitrone, Becher

Darsteller: Ein Zauberer oder Zauberin
Darstellungsart: Sprechtext
Aus dem Publikum: 1 Assistent

Effekt:
Zwei Bananen liegen auf einem Teller. Ein Assistent wählt eine Banane aus. Mit dem Zauberstab wird die Banane unsichtbar zerteilt, während sie noch nicht geschält ist. Wenn sie geschält wird, zerfällt sie in viele kleine Stücke.

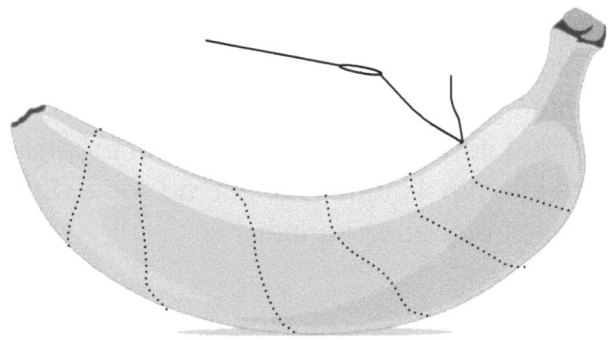

Erklärung:
Eine Banane wird vor der Aufführung präpariert. Mit Hilfe eines Fadens wird sie unsichtbar zerteilt. Der Faden wurde vorher in Zitronensaft getaucht, damit die Banane nicht braun wird. Du nähst rund um die Banane herum. Das geht so:

1) Drücke die Zitrone aus und fülle den Saft in den Becher.
2) Führe einen ca. 40 cm langen Faden durch die Nadel.
3) Tauche den Faden in den Zitronensaft.
4) Wenn du dir die Banane aus der Nähe betrachtest, wird dir auffallen, dass sie rundherum in der gelben Haut Kanten hat.
5) Steche die Nadel in eine Kante hinein. Führe sie unterhalb der Haut entlang, d.h. zwischen Frucht und Haut. Das Ende des Fadens lässt du aus dem Loch heraushängen.
6) Stecke die Nadel aus der nächstliegenden Kante wieder heraus. Ziehe den Faden stramm.
7) Stecke die Nadel in das Loch, aus dem du eben herausgekommen bist, wieder hinein, bis sie aus der 3. Kante wieder herausschaut. So nähst du um die Bananenfrucht herum.
8) Zum Schluss landest du da, wo du angefangen hast. Das Fadenende und der Fadenanfang schauen aus demselben Loch heraus. Nimm beide Enden und ziehe daran. Du schneidest somit die Banane durch.
9) Wiederhole diesen Vorgang an mehreren Stellen an der Banane jeweils mit etwas Abstand.
Fertig ist die präparierte Banane!

Vorführung:
Vor dem Zauberer steht ein Tisch, auf den er einen Teller mit 2 Bananen stellt, eine präparierte und eine unpräparierte. Seinen Zauberstab legt er daneben.
Er stellt sich als Dr. Bananius vor und erzählt, dass er eine

neue Bananenzüchtung erfunden hat. Sie eignet sich hervor-
ragend für das Müsli unterwegs. Man braucht kein Messer
dazu, und die Finger bleiben sauber.
Er bittet einen Assistenten zu sich. Der Assistent darf eine
der beiden Bananen wählen, indem er mit dem Finger darauf
tippt. Er hat scheinbar die Wahl. Es bleibt jedoch immer die
präparierte Banane auf dem Teller liegen. Wie geht das?

Es gibt 2 Möglichkeiten:
1) Der Assistent wählt die präparierte Banane. Alles ist in Ordnung. Dann bleibt die präparierte liegen, und die unpräparierte Banane wird weggelegt.
2) Der Assistent wählt die unpräparierte Banane. Alles ist in Ordnung. Dann hat er diese unpräparierte gewählt, um sie wegzulegen.

Der Zuschauer weiß ja nicht, welche Banane liegen bleiben soll. Verstanden!? Es funktioniert immer. Du darfst es aber nur einmal vor demselben Publikum vorführen.

Jetzt gibt der Zauberer dem Assistenten den Zauberstab und er darf die präparierte Banane, die auf dem Teller liegt, an mehreren Stellen damit zerteilen.
Der Zauberer berührt sie nicht mehr. Der Assistent schält die Banane, und siehe da es purzeln viele Bananenstücke heraus. Sie können an das Publikum verteilt werden.
Das Staunen ist groß.
Als Beweis kann der Assistent auch noch die andere Banane schälen. Sie wurde nicht mit dem Zauberstab behandelt und ist noch ganz.

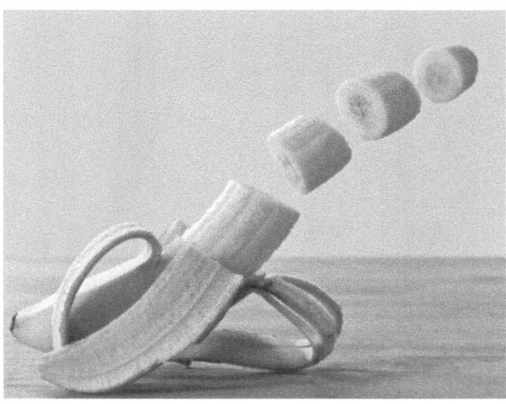

Die magischen Teeblätter

Material: Die 6 Teeblätter, Schere, Pappe, Kleber

Male die Teeblätter aus.
Klebe die Teeblätter auf Pappe auf, damit sie stabiler sind.
Schneide sie aus.

Mit Hilfe dieser 6 Teeblätter kannst du Gedanken lesen.
Schau dir diese Blätter an. Auf jedem Blatt stehen 32 verschiedene Zahlen von   1 - 64. Dein Zuschauer wählt eine
Zahl und legt die Blätter zur Seite, auf denen sich die gewählte Zahl befindet. Du kannst sofort die erdachte Zahl nennen.

Dieses Kunststück ist einfach, aber umso verblüffender. Die Lösung lautet, dass du von den beiseitegelegten Blättern jeweils die erste Zahl miteinander addierst:

z.B. Dein Zuschauer wählt die Zahl 23.

Er legt das Blatt mit der 1 beiseite, mit der 2, der 4 und der Zahl 16.

Zusammengezählt ergibt es das Ergebnis 23. Probiere es selbst einmal aus. Es ist faszinierend und funktioniert immer, wenn du richtig rechnest.

Vorführung:

Lege die Blätter ausgebreitet auf den Tisch und bitte einen Zuschauer, sich als Medium zur Verfügung zu stellen. Er soll sich eine Zahl von 1 - 64 ausdenken und sie sich intensiv vorstellen. Mit Hilfe der Teeblätter wirst du Zugang zu seinen Gedanken bekommen. Die Schwingung seiner Gedanken wird sich auf die Blätter übertragen und dann vor deinem geistigen Auge erscheinen. Bitte ihn, die Blätter beiseite zu legen, auf denen seine Zahl steht. In kürzester Zeit nennst du seine gedachte Zahl.

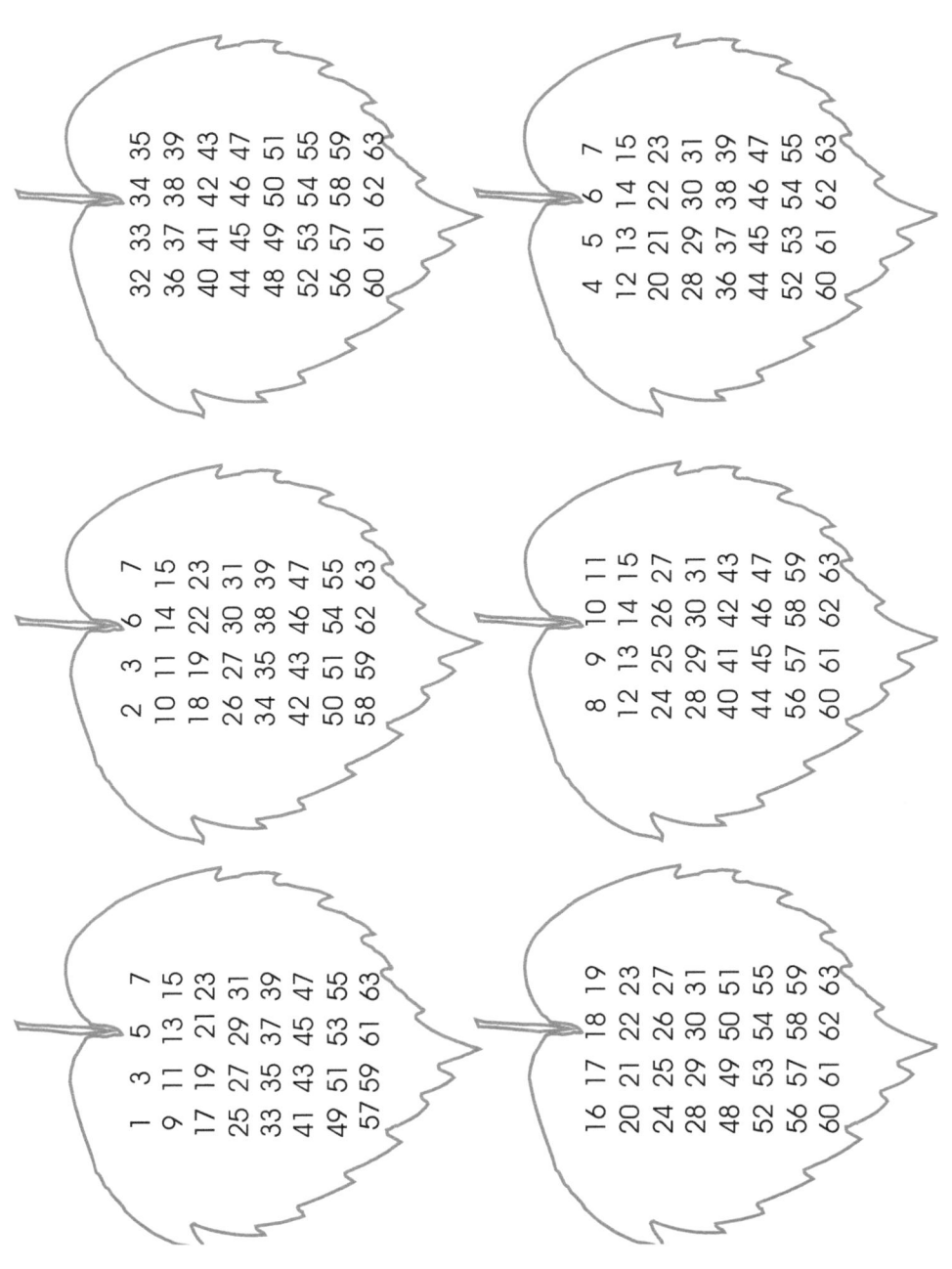

8. Kapitel: Die Zersägekiste

Dieser Trick ist Spannung pur. Alle Kinder lieben diesen Trick und sind sofort dabei, wenn es ums Proben oder Vorführen geht. Es handelt sich um den legendären Klassiker „Die zersägte Jungfrau". Hier ist „Action" auf der Bühne.
Die Kiste ist aus Pappkarton. Du erhältst sie z.B. in Elektrogeschäften. Ein Karton von einem Kühlschrank ist ideal.

Bevor die Kiste angemalt wird, lege dir Zeitungspapier darunter, damit der Boden beim Malen nicht vollkleckst.

Die Kiste muss an mehreren Stellen eingeschnitten werden. Lasse dir dabei von einem Erwachsenen helfen. Wie die Schnitte im Einzelnen aussehen liest du auf der nächsten Seite unter „Vorbereitung".

Zur Vorführung benötigst du ein Brett als Säge. Es sollte an beiden Seiten mindestens 20 cm überstehen, damit auch gesägt werden kann.

Besorge dir schwungvolle Musik für die Darbietung. Ein Vorschlag ist „A kind of magic" von Queen. Die Musikeinspielungen heben die Vorführung in ihrer Wirkung und Spannung.
Und dann viel Spaß!

Die Zersägekiste

Möchtest du einmal die „Zersägte Jungfrau" vorführen? Oder willst du selber einmal zersägt werden? Hier hast du die Gelegenheit, beides auszuprobieren.

Material:
- 1 großer Karton, ca. 80 cm x 60 cm x 60 cm
- 1 dünnes Brett, ca. 120 cm x 50 cm
- verschiedene Farben, z.B. Fingermalfarben
- Pinsel
- Becher für Wasser und Farben
- Musik
- Säge

Darsteller: 1 Zauberer oder Zauberin, 2 Assistenten: 2 Kinder legen sich in die Kiste hinein
Darstellungsart: Sprechtext und Musik

Effekt:
Eine Kiste wird auf die Spielfläche geschoben. Ein Kind legt sich in die Kiste, steckt den Kopf und die Füße durch die Öffnungen. Der Zauberer zersägt es mit einem Brett, indem er es quer durch die Kiste schiebt. Wenn es heraussteigt aus der Kiste, ist es wieder ganz gezaubert.

Erklärung:
Die Öffnung der Kiste zeigt nach oben. Ein Kind (A) liegt von vornherein in der Kiste, ohne dass die Zuschauer etwas davon wissen. Ein weiteres, eingeweihtes Kind (B) wird aus dem Zuschauerraum geholt.

Der Zauberer bittet es, in die Kiste zu steigen und sich hinzu-
legen. Das Kind (B) steckt den Kopf durch die Öffnung und
zieht die Beine an. Kind (A) sitzt in der Kiste und steckt die
Füße durch die zwei Öffnungen. Zwischen den beiden ist genug Platz, um das Brett durchzuschieben.

Richtiges Timing ist hier wichtig.   Das Kind in der Kiste
schreit zum richtigen Zeitpunkt. Alle Darsteller müssen genau
aufeinander abgestimmt sein. Vom Zusammenspiel ist abhängig, ob der Effekt echt wirkt oder nur gespielt.

Vorbereitung:
Die Kiste:
Zuerst benötigst du eine Kiste. Du erhältst sie z.B. in Elektro-
Geschäften. Ein Karton von einem Fernsehapparat oder ei-
nem Kühlschrank ist ideal.

1. Bevor gezaubert wird, müssen die Öffnungen in die
   Kiste geschnitten werden. An einer schmalen Seite
   werden zwei gebogene Öffnungen für die Füße geschnitten. An der anderen Seite wird eine große Öffnung für den Kopf geschnitten.

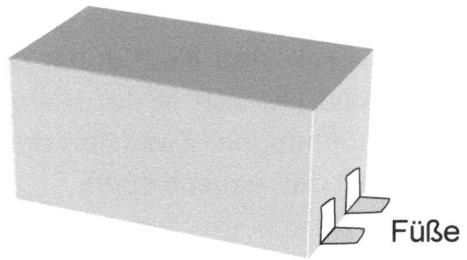

Füße

2. Die Öffnungen werden so ausgeschnitten, dass die Stücke wieder zugeklappt werden können. Das ist wichtig, damit das Kind (A,) das in der Kiste sitzt, nicht gesehen wird.

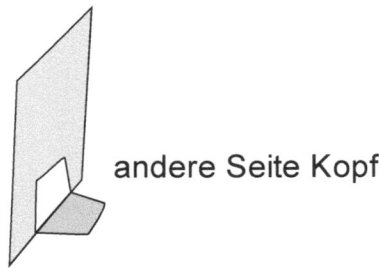

andere Seite Kopf

3. Auf beiden Längsseiten wird in der Mitte ein schmaler Schlitz gesägt, durch die das Brett durchpassen muss. Die Schlitze müssen sich deshalb auch gegenüberliegen. Damit das Kind darin nicht gesehen wird, klebe die Schlitze von Innen mit Krepppapier ab.
4. Als Nächstes wird die Kiste angemalt. Hierbei können alle helfen.
5. Lege etwas Papier darunter. Fülle die Farben in die Becher. Jeder malt sein Lieblingsmotiv auf die Kiste.

Das Brett:
Besorge dir ein Brett. Die Größe ist abhängig von der Größe der Kiste. Es sollte auf jeden Fall, wenn du es durch die Kiste

schiebst auf beiden Seiten mindestens 20 cm überstehen, damit es hin und her geschoben werden kann. Als Material kannst du Sperrholz nehmen. Das ist dünn. Manchmal haben Möbelläden Reste, die sie umsonst abgeben. Das Brett kannst du bunt anmalen.

Vorführung:
(Im Publikum sitzt das eingeweihte Kind (B). Kind (A) steigt in die Kiste hinein. Der Zauberer schiebt die Kiste auf die Bühne. Es spielt Musik im Hintergrund. Bevor der Zauberer anfängt zu sprechen, wird die Musik leiser. Der Zauberer begrüßt sein Publikum und stellt sich und seine Assistenten vor. Er bittet einen Freiwilligen aus dem Publikum zu sich. Er wählt den eingeweihten Assistenten aus, stellt ihn vor und bittet ihn, die Schuhe auszuziehen.

Das Kind legt sich daraufhin in den vorderen Teil der Kiste hinein und zieht die Beine an.

Der Zauberer bittet ihn den Kopf und die Füße aus der Kiste zu stecken. Die Assistenten helfen beim Öffnen der Öffnungen. Kind (B) steckt den Kopf heraus, Kind (A) die Füße.

Der Zauberer kündigt an, dass er nun die Person zersägen wird. Er steckt das Brett durch die Schlitze und sägt, schiebt das Brett hin und her. Das Kind (B) schreit. Die Kiste wird herumgedreht, um zu zeigen, dass das Brett ganz durchgeschoben ist. Dabei wird Musik gespielt.
Das Brett wird wieder herausgezogen und die Klappen geschlossen. Der Zauberer macht eine magische Bewegung mit dem Zauberstab, um das Kind wieder ganz zu zaubern.
Das Kind (B) steigt unversehrt aus der Kiste heraus und verbeugt sich. Danach geht es auf seinen Platz.
Die Kiste und die Klappen werden verschlossen.
Der Zauberer verbeugt sich und schiebt die Kiste von der Spielfläche. Die Zauberassistenten helfen dabei.
Das Kind (A) steigt aus der Kiste, ohne dass das Publikum es sehen kann.

Tipp: Wichtig! Die beiden Kinder in der Kiste müssen gleiche Hosen und Strümpfe tragen, damit die Täuschung echt ist. Jeanshosen und weiße Strümpfe sind gut geeignet, da die fast jeder zuhause hat.
Tipp: Um den Trick effektvoller vorzuführen nimm zwei Holzscheite und umwickele sie mit Schmirgelpapier. Lasse sie von Jemanden im gleichen Rhythmus mit dem Zersägen zusammenreiben, so wirkt es echter.

9. Kapitel: Die Zaubershow

Nachdem alle Tricks vorgestellt und bestaunt wurden, beginnt die eigentliche Feinarbeit: Die Zusammenstellung der Vorstellung.

Die Vorstellung besteht aus vielen Details, den Tricks, den Requisiten, dem Bühnenbild, der Musik. Dies sind nur einige Bestandteile. Damit daraus eine magische Vorstellung wird, die die Zuschauer verzaubert, werden die einzelnen Puzzlestücke erarbeitet und zusammengesetzt. Führe die Tricks mit Leichtigkeit vor.

Die Auseinandersetzung mit dem Bühnenbild, dem Bühnenaufbau und der Dekoration gehören mit dazu. Wie werden die Requisiten platziert? Die Dekoration rundet das Bild ab und versetzt das Publikum von Anfang an in eine magische Stimmung.

Es wird Musik ausgesucht. Die Umbaupausen müssen ebenfalls berücksichtigt werden. Kostüme werden anprobiert und begutachtet.

Steht das Gesamtkonzept, wird geprobt. Das sieht zwar manchmal wenig zauberhaft aus, gehört aber zu den Einzelschritten mit dazu. Und viele kleine Hände sind am Werk und viele Köpfe entscheiden beim Gesamteindruck mit.

Es gilt Ruhe zu bewahren, wenn eine Szene öfters geprobt werden muss.

Wenn diese Punkte alle besprochen und eingeübt sind, steht der Rahmen der Vorstellung. Jetzt wird die Vorstellung als Ganzes wahrgenommen und geprobt. Auch eventuelle Pannen können bedacht und geübt werden.

Damit ist der Moment gekommen. Die letzte Probe ist ge-kommen: Die Generalprobe. Sie ist genauso wie die Vorstel-lung, nur ohne Zuschauer. Es gibt keine Zwischenrufe mehr. Das erste Mal, dass die Probe in einem Stück durchläuft.

Ist auch diese Hürde geschafft, wird es ernst. Als Nächstes gibt es nur noch die Vorstellung. Die Umgewöhnung, dass Zuschauer anwesend sind, ist neu. Es gilt mit Lampenfieber umzugehen. Und dann ist es soweit. Alles ist auf seinem Platz und es kann losgehen, in ein neues Abenteuer hinein, aus dem du vom Zauberlehrling zum Zaubermeister gestärkt hervorgehst.

Das sieht alles nach viel Arbeit aus, ist es auch. Durch den Spaß und die Begeisterung wird es zum Vergnügen und neue Aufgaben werden gerne bewältigt. Dadurch werden auch schwierige Phasen mit Leichtigkeit bewältigt.

Was gibt es zu beachten, wenn du auf der Bühne stehst?

- Auf das Sprechen achten

Damit das Publikum dich hört, spreche laut genug, aber schreie nicht. Wenn 20 – 50 Leute im Zuschauerraum sitzen, musst du lauter sprechen als sonst. Auch in der letzten Reihe möchten sie dich verstehen.

Deshalb spreche auch deutlich deinen Text und verschlucke keine Wortteile. Dazu gehört langsam zu sprechen. Je schneller du sprichst, umso undeutlicher wird es. Wenn deine Zuschauer dich nicht verstehen, fragen sie ihren Nachbarn. Daraus entsteht Unruhe und Unaufmerksamkeit. Deshalb: **laut, deutlich und langsam sprechen**.

- Begeisterung zeigen

Du zauberst, weil es dir Spaß macht. Nimm deine Begeisterung mit auf die Bühne. Du merkst, wie du dein Publikum ansteckst und sich deine gute Laune auf das Publikum überträgt. Das wirkt sich sofort auf deine Ausstrahlung aus.

Du hast das sicher schon selbst einmal erlebt. Wenn jemand fröhlich war und lachte, fangen sofort andere mit an zu lachen. Um das zu unterstützen, lächle während du zauberst. Außer natürlich, deine Rolle verlangt etwas anderes.

- Stehe nicht mit dem Rücken zum Publikum

Zeige dem Publikum dein Gesicht. Das ist deine Schokoladenseite. Drehe dich nicht mit dem Rücken zu deinem Publikum. Zum Einen verstehen sie nicht, was du erzählst. Zum Anderen sehen sie nicht den Trickablauf. Sie werden unruhig und glauben dass du in dem Moment schummelst. Das gilt

selbstverständlich auch für deine Assistenten. Sage zu ihnen freundlich: „Bitte drehe dich zum Publikum. Danke!"
Wenn du mit anderen Zauberern auf der Bühne stehst, stellt euch immer seitlich, so dass das Publikum euch beide versteht.

- Präsentieren

Präsentieren bedeutet, etwas zu betonen oder hervorzuheben. Dies bezieht sich auf Tricks, Requisiten, Assistenten oder dich selber.
Stelle dich mit deinem Namen oder Künstlernamen am Anfang vor. Sicherlich bekommst du Applaus. Deine Assistenten oder Tricks kannst du mit Gesten präsentieren. Das können Armbewegungen sein, indem du die Hände auf sie richtest. Nicht mit den Fingern auf sie zeigen.
Mache große Bewegungen auf der Bühne. Die Bühne gehört dir. Benutze deine Arme, Hände und dein Gesicht, um etwas zu demonstrieren. Mit dem Gesicht zu arbeiten, bedeutet Mimik. Dazu gehören ruhige Bewegungen. Und zeige, dass du von dir überzeugt bist.

- Applaus abwarten

Du wirst öfters Applaus bekommen am Anfang wenn du dich vorstellst und wenn dein Trick beendet ist. Manchmal, wenn dem Publikum etwas gut gefallen hat, bekommst du Zwischenapplaus. Die Steigerung ist, wenn es deinem Publikum so gut gefallen, dass sie aufstehen. Das nennt man „Standing Ovations".
Rede nicht in den Applaus hinein. Warte ab und genieße ihn. Unterbreche kurz deine Vorführung. Erst wenn er aufhört, spiele weiter, damit das Publikum dich verstehen kann und alles mitbekommt. Wenn du fertig bist, warte den Applaus ab,

bis er aufhört und verbeuge dich. Erst dann gehe von der Bühne.

- Improvisieren

Improvisieren bedeutet zu spielen, was nicht einstudiert wurde. Improvisieren musst du, falls dir etwas Unerwartetes passiert. Das kann auch eine Panne sein oder dass dein Trick nicht funktioniert hat. Dass mal etwas schief läuft, kann jedem Mal passieren, auch dem bestvorbereitesten Zauberer. Das ist nicht weiter tragisch. Falls dies passiert, kannst du dir eine Ausrede überlegen. Sage: „Oh, das war der falsche Zauberspruch" oder „Das war die falsche Seite des Zauberstabes." Lasse dir nicht anmerken, dass etwas nicht richtig war. Bleibe ruhig und spiele einfach weiter. Das Publikum denkt, dass es so sein sollte.

Damit dieses Risiko möglichst gering ist, wird vorher genügend geübt und geprobt.
Wenn du aus deiner Vorstellung herausfällst oder sogar fluchst, zerstörst du die magische Atmosphäre. Um diese Blamage umzulenken und zu verwandeln, übe auch, wie du im Falle einer Panne reagierst.

- Lampenfieber

Fast alle Menschen hatten in der einen oder anderen Situation schon einmal Lampenfieber. Das kennen sogar die berühmtesten Zauberer. Jeder geht anders damit um. Es ist ein Gefühl von großer Aufregung vor dem Auftritt. Erst wenn du auf der Bühne stehst und anfängst, lässt es nach.

Hier hast du ein paar Tipps, wie du damit umgehst:
- Du kannst mehrmals tief durchatmen, deine Glieder, Arme, Beine und den Kopf ausschütteln. Das löst die Anspannung.
- Schneide Grimassen. Das ist lustig und lockert auf.

- Konzentration
Sei konzentriert. Lasse dich von nichts ablenken. Es können unerwartete Geräusche vorkommen, dass eine Tür geht oder ein kleines Kind weint. Konzentriere dich und spiele weiter.

Die Zusammenstellung der Tricks für die Vorstellung

Wichtig in einer Zaubervorstellung ist die Reihenfolge der Tricks festzulegen. Erstelle den Vorstellungsablauf. Beachte dabei:

Eine Zaubervorstellung besteht aus vielen einzelnen Details:

den Darbietungen,

den Zaubertricks,

den Szenen,

den Umbaupausen,

den Ansagen,

dem Publikum,

der Begrüßung des Publikums,

den Assistenten,

der Musik.

dem Finale,

den Verbeugungen

und dem Applaus des Publikums und einiges mehr.

Erst das Zusammenspiel dieser einzelnen Sequenzen entscheidet, ob es eine gelungene Vorstellung wird. Deshalb ist es wichtig, wie die Tricks zusammengestellt sind und wie die Spannungskurve verläuft. Steven Spielberg, der bekannte Regisseur von vielen Spielfilmen, setzte zu Beginn seiner Filme stets eine total spannende Szene. Danach flachte die Spannung erst einmal ab, um dann bis zum Ende des Films wieder anzusteigen. Dies bewirkt, dass die Aufmerksamkeit der Zuschauer gleich am Anfang gefesselt ist.

Dieses Verfahren können wir uns in der Zaubervorstellung zu Nutze machen. Auf die Zaubershow bezogen bedeutet das:

Am Anfang hast du einen ziemlich starken Trick mit einem guten Effekt. Allerdings nicht den Besten, den heben wir uns bis zum Schluss auf.

Fortfahren kannst du dann mit einem einfachen Trick und so weiter. Steigere die Spannung langsam. Zum Schluss zeige den besten und spannungsreichsten Trick. Das wird die Zersägekiste sein.

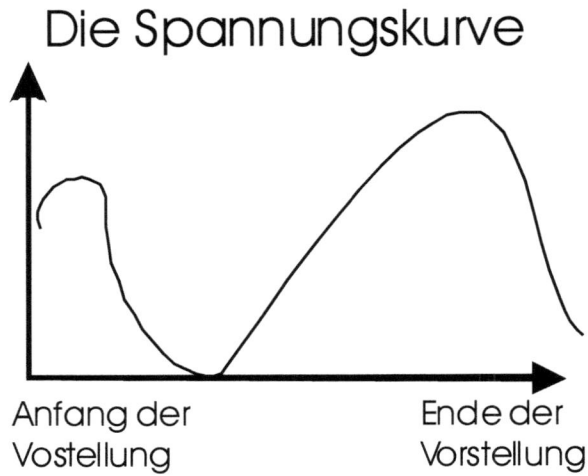

Die Spannungskurve

Anfang der
Vostellung

Ende der
Vorstellung

Zwischendrin ist Abwechslung angesagt. Lasse Sprechszenen mit Musikszenen abwechseln. Verteile auch die Tricks, in denen du Assistenten auf die Bühne holst.

Hast du alle Tricks zusammen, erstelle eine komplette Ablaufliste. Benutze einen großen stabilen Zettel. Schreibe mit einem dicken Stift, damit es gut lesbar ist, die einzelnen Tricks darauf. Diesen Ablauf hänge an einen Platz, der gut sichtbar ist, damit du weißt, wann welcher Trick an der Reihe ist.

Musik für die Vorstellung

Material:
CD- Player oder ein Musikabspielgerät z.B. Handy, Tablet, Mp3 Player

In der Vorstellung kann an einigen Stellen Musik gespielt werden.
Musik ist stark mit Gefühlen verbunden. Ruhige Musik verleitet zum Träumen. Bei bestimmten Liedern kommen den Menschen Erinnerungen in den Sinn. Schnelle Musik lässt unser Herz schneller schlagen. Es kommt Stimmung auf. Wir möchten uns nach dem Rhythmus bewegen und tanzen.
Wir können uns dadurch heiter oder beschwingt fühlen, traurig oder auch aggressiv. Diese Eigenschaft kannst du für die Vorstellung nutzen.

Stumme Szenen ohne Sprechtext wirken manchmal langweilig. Um sie aufzupeppen und die Zuschauer in die richtige Stimmung zu versetzen, können Musikstücke gespielt werden. Sie unterstützen die Stimmung, die bei den Tricks entsteht. Die Wirkung der Seifenblasen wird verstärkt. Die ruhigen, langsamen Bewegungen werden durch langsame, romantische oder verträumte Musik unterlegt. Sie regt unsere Fantasie an und bringt uns zum Staunen.
Dies nutzen auch Menschen, die einen Film drehen. Wenn es spannend wird, wird die Szene immer mit Musik untermalt.

Umbaupausen, das sind die Momente, wenn ein Trick zu Ende ist und der nächste vorbereitet wird. Nicht mehr gebrauchte Requisiten werden abgeräumt und neue aufgebaut. Es können Pausen entstehen, die für das Publikum sehr langatmig wirken können, da nichts Aufregendes passiert. Sie können unruhig und ungeduldig werden. Um dies zu verhindern, wird peppige Musik eingespielt, die diesen Übergang in die Vorstellung miteinfließen lässt.

Bevor die Vorstellung beginnt, wird Musik gespielt, um die Wartezeit bis zur Vorstellung zu verkürzen. Die Zuschauer werden schon auf eine magische Atmosphäre eingestimmt. Und sie merken, dass es bald beginnt.

Die richtige Musik zu finden ist oft nicht einfach. Es gibt die verschiedensten Musikrichtungen Pop, Rock, Klassik, Lieder mit Gesang oder instrumental und viele mehr.
Geeignet für eine Zaubervorstellung ist Zirkusmusik.

Folgende Vorschläge, die gut zu einer Zaubervorstellung passen, sind:

Einzug der Gladiatoren
It´s a kind of magic- Queen
Simply the best – Tina Turner
Angel´s voice – Flat old world
Final Countdown – Europe
Conquest of paradise- Vangelis
Made of Orleans – OMD
Air – Bach
Cabaret Instrumental – Filmmusik
Modern Times – Charlie Chaplin
Also sprach Zarathustra – Strauss
Unchained melody Instrumental – Righteous Brothers
Children – Robert Miles

Tipps für den DJ:

Wenn du jemanden als Helfer hast, kann er für die Musikein-spielungen zuständig sein. Er ist dann ein richtiger DJ – ein Discjockey.

Folgendes gibt es zu beachten:
- Selten dauert der Trick solange wie das Lied. Stelle die Musik dann nicht abrupt aus, sondern stelle sie langsam leise, um sie dann erst auszuschalten.
- Bei einem neuen Trick sollte ein neues Lied gespielt werden.
- Erstelle dir eine Liste mit den Tricks auf einem kleinen Zettel. Schreibe die dazugehörigen Lieder daneben.
- Lege dir vor der Vorstellung die Musik in der richtigen Reihenfolge zurecht.

Der Bühnenaufbau

Wenn die Reihenfolge der Tricks feststeht, wird an der Aufführung als Ganzes gearbeitet.
Jede Szene ist einzigartig und jede Szene ist anders. Es gibt andere Requisiten und andere Assistenten.
Wieviel Platz steht zur Verfügung?
Wie groß ist der Raum?
Wo sitzen die Zuschauer?
Wie weit entfernt sitzt das Publikum?
Wie groß ist die Spielfläche?
Ist der Raum abdunkelbar?
Worauf sitzen die Zuschauer?

Für manche Szenen wird ein Tisch benötigt. Manche Tricks brauchen keine zusätzlichen Requisiten. Für „Seil durch Ohr" wird ein Stuhl benötigt. Für die Seifenblasen sollte eine Folie ausgelegt werden, da es sonst sehr rutschig wird. Auch die Zersägekiste nimmt einigen Platz in Anspruch.
Diese Requisiten brauchen Raum neben oder hinter der Bühne. Stelle große Requisiten wie Tisch oder Kiste in die Mitte der Spielfläche. Schau, wieviel Platz es zu den Zuschauern gibt. Bei manchen Tricks musst du hinter dem Tisch stehen und bei anderen davor. Postiere den Tisch dementsprechend.
Mache eine Markierung auf den Boden, die den Zuschauerraum von der Bühne trennt.
Lasse nur die Requisiten für den Trick auf der Bühne, der gerade an der Reihe ist. Wenn mehrere Zauberer auftreten, lenkt es ab und verschenkt den Platz bei kleinen Bühnen.
Vermeide es, vor Publikum zu spielen, das dich umringt, das heißt, das rund um dich herum steht oder sitzt. Das Publikum

im Rücken sieht nicht, was du zauberst und wird unruhig und stört den Ablauf. Besser ist es, wenn an einer Seite die Spielfläche ist. Dahinter ist frei, eine Wand oder ein Vorhang. Du kannst dich nach einer Seite zuwenden.

Die Dekoration

Wenn die Wände kahl und leer sind, kommt keine magische Atmosphäre auf. Hierzu kannst du die Wände dekorieren. Folgende Vorschläge gibt es:

Scherenschnittmodelle

Eine hübsche Idee ist, den Bühnenhintergrund mit Scheren-schnittbildern zu dekorieren. Hierzu wird das Profil deines Kopfes als Motiv verwendet. Von jedem Darsteller wird ein Motiv hergestellt und aufgehängt.

Material:
- Schere
- Bleistift
- Schwarzer Ton- oder Fotokarton in Din A3 oder Din A2
- Lampe, z.B. Schreibtischlampe oder bewegliche Halo-genstehlampe
- Tesafilm
- Stuhl

Teilnehmer: je 2 Personen

Vorbereitung:
Suche dir einen Partner, der dich zeichnen soll. Stelle den Stuhl mit der Sitzfläche zur Seite neben die Wand.
Klebe den Fotokarton an die Wand. Befestige ihn in der Höhe deines Kopfes. Stelle die Lampe davor und beleuchte die Wand.

Durchführung:
Setze dich auf den Stuhl und schaue zur Seite. Die Lampe wirft einen Schatten deines Kopfes auf den Fotokarton. Je näher du an der Wand sitzt, umso kleiner wird der Schatten. Überlege, wie groß das Bild werden soll und welche Seite deines Kopfes abgebildet werden soll.
Dein Partner zeichnet die Umrisse mit einem Bleistift nach.
Danach tauscht ihr die Plätze. Du zeichnest ihn.
Schneidet eure Scherenschnitte an den gezeichneten Linien aus. Klebe sie an die Wand.

Fertig sind eure Scherenschnittköpfe!

Tipp: Wenn ihr einen schwarzen Bühnenhintergrund habt, nimm einen Fotokarton mit einer anderen Farbe, auf den du den Scherenschnitt klebst. Rot ist gut zu sehen.

Bunte Wände mit Krepppapierstreifen

Material: Bunte Krepppapierrollen, Schere, Kordel, Klebestreifen oder Kleber

An die Wände kannst du lange Krepppapierstreifen hängen. Nimm eine zusammengerollte Krepppapierrolle und schneide sie alle 3- 4 cm durch. So erhältst du lange gleichmäßige Streifen.
Hänge an die Wände lange Kordeln. Befestige sie an der Wand. Daran klebe die Streifen. Das wird schön bunt.

Für den Eingangsbereich erstelle einen Krepppapierdurchgang. Nimm einen Streifen quer. Klebe daran längs die Streifen, die so lang sind wie die Tür. Hänge ihn vor den Eingang. Klebe ihn am Türrahmen fest. Das sieht toll aus und es macht viel Spaß da durchzugehen.

Denke dir eigene Ideen aus, wie du die Wände bunt und magisch gestalten kannst!

Lukas Sherman   11 Jahre

Die Gruppe Zaubermond

Meine ersten Erfahrungen mit Zauberkursaktivitäten sammelte ich 1987 in der Jugendpflege Vellmar bei einem Kinderzirkusprojekt, das die Jugendpflegerin und ich leiteten. Ich war unter anderem verantwortlich für die Zaubergruppe.

Den Erfolg nutzte ich, um im darauffolgenden Ferienprogramm bei den Sommerferienspielen ebenfalls eine Zaubergruppe anzubieten. Auch dieser Kurs endete mit einem Auftritt.

Es wurde die Idee geboren, wöchentlich eine feste Zaubergruppe anzubieten. Im Herbst bekam ich die Möglichkeit, eine Zauberschule in Vellmar zu gründen. Die Begeisterung der Kinder war so groß, dass wir gleich 2 Kurse anbieten konnten. Die Anzahl der Jungen und Mädchen war stets ausgeglichen.

Am Ende des Kurses gab es natürlich wieder eine Vorstellung, bei der Eltern und Freunde eingeladen wurden. Das Motto unseres Prospektes lautete "Hereinspaziert in die Zauberschule für Kinder. Dies ist keine normale Schule! Nein! Dies ist die erste Zauberschule für Kinder".

Als der Kurs zu Ende war, wollten alle Teilnehmer weitermachen. Es entstand die Idee einer Fortgeschrittenen Gruppe. Aber irgendetwas fehlte noch. Wenn die Auftritte so gut ankamen, warum sollten wir sie nicht einem breiteren Publikum zugänglich machen? Genau das war es! Wir gründeten eine Gruppe, mit der wir überall Auftritte geben konnten. Die Kinder waren Feuer und Flamme. Mehr Tricks lernen und auf Tournee gehen, regional und überregional auftreten. Das war eine tolle Sache. Und so gründeten wir die Kinderzaubergruppe "Zaubermond".

Johannes, Sebastian, Uwe, Lena, Nina, Anne-Katrin, Tina, Kristof

Unser Motto hieß "Zaubern von Kindern für Kinder"! Wir trafen uns weiterhin einmal wöchentlich. Vor Auftritten etwas häufiger, um zu üben. Die Zaubertricks bastelten wir selbst. Unser erstes Prospekt gestalteten wir als Pop - Up Prospekt. Der Hintergrund zeigte einen Sternenhimmel. Wenn man das Prospekt aufklappte, stand im Vordergrund ein Halbmond in der Luft.

Ich war verantwortlich für die künstlerische Leitung und die Jugendpflegerin Pia-B. Bluhm für die Musikeinspielungen und das Management. Wir waren stolz auf unser gelungenes Projekt.

Im Laufe der Jahre wurden aus den Basteltricks Großillusionen und Profitricks, die wir selber bauten oder bei einem Händler erwarben. Wir zimmerten große Kisten aus Holz, zersägten unsere Mitglieder und zauberten sie wieder ganz. Am Anfang der Vorstellung wurden stets die ZaubererInnen hervorgezaubert.

Sie wählten sich ihren eigenen Künstlernamen z.B.
Lupino,
Pico Bello,
Phillippino oder
Zaubrio.

Wir traten in Kindergärten auf, zu Hochzeiten, in Altersheimen, bei Stadtfesten, drinnen und draußen, bei Kindertheaterfestivals und bei der Harlekinade.
Die schönste und magischste Spiel-Atmosphäre entwickelte sich allerdings in abgedunkelten Räumen mit Scheinwerfern und einer Bühne, bei ca. 80 bis 100 Zuschauern.

Aus den Kindern wurden Jugendliche. Mit dem Alter wuchs auch der Enthusiasmus und die Fingerfertigkeit. Der Bekanntheitsgrad wuchs mit und erforderte neue Vorstellungen. Die Profitricks verlangten mehr Übungseinsatz, Arbeit und Geduld, sodass die Jugendlichen sich auch zuhause mit ihren Rollen und Aufgaben auseinandersetzten. So konnten sie Seifenblasen herbeizaubern, CD's vermehren, Tücher verschwinden lassen und vieles mehr.
Der Fernsehsender „Offener Kanal Kassel" produzierte ein Video und der Hessische Rundfunk wollte ein Interview. Zu jeder Premiere besuchten uns regelmäßig Mitglieder vom magischen Zirkel.

Auch unser Anspruch wuchs. Und so wollten wir nicht einfach nur Tricks vorführen. Wir wollten etwas Besonderes, nämlich Theater und Zauberei verbinden. So führten sie pantomimische Szenen vor, bei denen die Zaubertricks integriert wurden. Sie schlüpften in die unterschiedlichsten Rollen. Sie stellten Rocker dar, Clowns, feine Damen, den schlauen und den schusseligen Zauberer, romantische Szenen, Geschichtenerzähler, Geist und Teufel oder den Sultan. Und sie spielten mit spannenden Momenten, um das Publikum immer wieder aufs Neue mitzureißen. Doch das Standardkostüm bestand stets aus Umhang und Zylinder. So entstanden abwechslungsreiche Szenen, und die Zuschauer waren neugierig auf neue Premieren, die da hießen:
Der Zaubermond am Zauberhimmel,
Mit Zaubermond in das Land der Magie,
Magic Moments,
Luna Magica.

Die Jugendlichen lernten vor einer großen Menschenmenge frei zu reden. Ihr Selbstbewusstsein wuchs, und sie lernten ihre Körperbewegungen bewusst einzusetzen.
Ordnung war ein wichtiger Aspekt. Ein genauer Ablauf in der Vorstellung vermittelte Sicherheit, und jedes Requisit hatte seinen Platz. Dadurch klappten die Auftritte wie am Schnürchen, und die Jugendlichen lernten, wie Organisation funktioniert.
Ohne die Hilfe der Eltern wäre so manch eine Vorstellung wohl nicht zustande gekommen. Sei es beim Fahren der Jugendlichen zu den Veranstaltungsorten oder beim Auf- und Abladen der Requisiten und Bühnenteilen.
Eine mobile Musikanlage konnten sie ihr eigen nennen. Später stellte uns die Stadt Vellmar ihren Kleinbus zur Verfügung.

Im Haus der Jugend entstand mittlerweile ein perfekter Saal mit Bühne, Musikanlage und Beleuchtung, mit 140 Sitzplätzen sie für Proben und Auftritte nutzen konnten.

Je besser unsere Auftritte wurden, umso mehr steigerte sich auch unsere Gage. Davon wurden neue Tricks angeschafft, wie Feuerspeiende Zauberstäbe oder Paravents mit Traumsternanlagen. Gemeinsam mit den Eltern gingen wir essen, feierten unser 5-jähriges Bestehen oder übergaben den ZaubererInnen als Belohnung Tricks, die sie für private Auftritte einsetzten.

Die Jugendlichen hatten eine Aufgabe, die immer neue Herausforderungen von ihnen erwartete. Neben der Schule bestanden wir als eigenständiges Projekt. Die ZaubererInnen hatten ein Ziel, das sie als Gruppe zusammenwachsen ließ und ihnen Kraft und Stärke für den Alltag verlieh. Private Freundschaften entstanden, unter anderem auch durch das gemeinsame Üben zuhause. Schließlich machte es vor allem Spaß und Freude.

Es war immer spannend, was für Kritiken die Zeitungen über uns schrieben. Ein Vellmarer Journalist war unser größter Fan. Er erschien auf allen Premieren.

Einer der Höhepunkte war für die Jugendlichen die Fahrt nach Oelde in einen Zauberladen. Sie suchten sich Tricks aus, die der Zauberer ihnen vorführte und die sie danach mitnehmen konnten.

Einer der größten Herausforderungen war zweifellos, vor gleichaltrigen Jugendlichen zu spielen. An einem Discoabend galten wir als einer der Favoriten zwischen Rockmusik und anderen Bands. Alle waren sehr aufgeregt. Ob es ihnen auch gefallen würde, oder ob sie die Zaubervorstellung stören könnten, weil es "Kinderkram" für sie sei. Aber es wurde ein gelungener Auftritt. Danach kamen die Jugendlichen zu uns und sprachen ihre Begeisterung aus. Den ZaubererInnen fiel ein Stein vom Herzen und mir auch.

Die Gruppe feierte ihr 10 - jähriges Bestehen. Uwe, einer der ältesten Mitglieder, schaffte es, mit seinen privaten Auftritten z.B. beim Diabetiker - Kongress aufzutreten, in Möbelhäusern, im Kasseler Varieté und in Köln eine neue Zauberschule zu eröffnen.

Es ist für mich eine große Freude zu sehen, wie sie dabei blieben, auch nachdem der Kurs zu Ende war. Der Same war gepflanzt, sodass sie das Hobby Zaubern auch weiterhin begeisterte und begleitete als Gewinn für ihr ganzes Leben.

Literatur

Zum Vorlesen:
Paul Gallico
Adam der Zauberer
Rowohlt Taschenbuch Verlag GmbH, Reinbek bei Hamburg,
1995

Michael Ende
Der Wunschpunsch
Thienemanns Verlag Stuttgart, 1989

Joanne K. Rowling
Harry Potter und der Stein der Weisen, 1998
Harry Potter und die Kammer des Schreckens, 1999
Harry Potter und der Gefangene von Askaban, 1999
Harry Potter und der Feuerkelch, 2000
Carlsen Verlag, Hamburg
Alle Teile in einer gesammelten Collection
http://amzn.to/2B8ZUwU

Ottfried Preußler
Die kleine Hexe
Thienemann Verlag, Stuttgart, 1971

Der Räuber Hotzenplotz
Thienemann Verlag, Stuttgart, 1962

Zauberbücher:
Juchhu! Ich kann Geld zaubern
Susanne Rennert, Bod 2015
http://amzn.to/2jWqfem

Jochen Zmeck
Handbuch der Magie
Henschelverlag Kunst und Gesellschaft, Berlin 1990

Hardys großes Zauberbuch, Band 1: Die 222 besten Zaubertricks Nr. 1-111
Eppe Verlag 2010
http://amzn.to/2jVUuCm

Alexander Adrion, Die Kunst zu zaubern.
Du Mont 1978

Andere Themen:
Zauberhafte Tricks mit Seifenblasen,
BoD, Susanne Rennert

Zauberkästen
Meine erste Zaubershow
Ravensburger Verlag
http://amzn.to/2jUAjEL

Hokus Pokus
Zaubern mit Chemie und Physik
Franckh-Kosmos Verlags-GmbH & Co, Stuttgart,
Zauberkasten der Ehrlich Brotherrs
Secrets of magic
http://amzn.to/2jVSOJ4

Quellennachweis:
Annalisa Neumeyer
Mit Feengeist und Zauberpuste
Zauberhaftes Arbeiten in Pädagogik und Therapie
Lambertus Verlag, Freiburg im Breisgau, 2000

Haftungsausschluss

Haftung für Links

Dieses Buch enthält Links zu externen Webseiten Dritter, auf deren Inhalte wir keinen Einfluss haben. Deshalb können wir für diese fremden Inhalte auch keine Gewähr übernehmen. Für die Inhalte der verlinkten Seiten ist stets der jeweilige Anbieter oder Betreiber der Seiten verantwortlich. Die verlinkten Seiten wurden zum Zeitpunkt der Verlinkung auf mögliche Rechtsverstöße überprüft. Rechtswidrige Inhalte waren zum Zeitpunkt der Verlinkung nicht erkennbar. Eine permanente inhaltliche Kontrolle der verlinkten Seiten ist jedoch ohne konkrete Anhaltspunkte einer Rechtsverletzung nicht zumutbar. Bei Bekanntwerden von Rechtsverletzungen werden wir derartige Links umgehend entfernen. Quelle: erecht24

Weitere Bücher von der Autorin:

Die Autorin blickt auf eine Ausbildung als Sozialpädagogin zurück und machte ihr Zauberhobby zum Beruf. Sie schöpft aus einer Trickkiste, die eine 10-jährige Erfahrung in Zauberkursen und Zaubervorstellungen für Kinder beinhaltet. Ihr schauspielerisches Talent baute sie anfangs als Statist beim Staatstheater in Kassel aus und später bei einer Tourneebühne mit Schwerpunkt Märchen für Kinder. Diese Erfahrungen ließ sie bei den Zauberkursen miteinfließen, um den Kindern den Umgang mit der Bühne auf spielerische Weise zu vermitteln.

Wenn dir dieses Buch Spaß bereitet hat, schau auch nach den anderen Büchern von Susanne Rennert.

Die findest du bei: www.die-zauberkiste.de
Da gibt es viele kostenlose Downloads zum Thema Zaubern, Spiele und Basteln.
Videos über Zaubern gibt es bei Youtube.
Meinen Kanal findest Du hier.
www.youtube.com/diezauberkiste

Tolle Zaubertricks für Kinder
Zaubern lernen - leicht gemacht

Zaubern können und alle damit in Staunen versetzen.
Wünschst du dir das auch? In diesem Buch erfährst du viele
Zaubertricks.
Du lernst, wie du eine gelungene Zaubervorstellung präsentierst. Die Zaubertricks werden Schritt-für-Schritt erklärt. Sie
sind leicht und schnell erlernbar. Damit verblüffst du deine
Freunde.
Verwandele ein Tuch in einen Ball. Ein zerbrochenes
Streichholz wird wieder ganz gezaubert. Zaubere einen Hasen aus einem Hut.
So begeisterst du mit Riesenseifenblasen. Lasse deinen
Zauberstab schweben. Baue dir eine Schwerterkiste und lerne viele Zauberspiele für dein Kinderfest kennen. Das Basteln von Zauberstab und Zauberhut gehört gleich mit dazu.
So wirst du zu einem Zaubermeister und zeigst die Zaubertricks als unfassbares Wunder. Blicke hinter die Geheimnisse
faszinierender Illusionen.

ISBN : 3751967729

Erhältlich bei der Autorin info@die-zauberkiste.de

Juchhu, ich kann Geld zaubern

7 magische Tricks mit Münzen und Geldscheinen. Ob zuhause, auf Feten oder beim Business. Lerne die Tricks und dann wird das Unmögliche möglich. Der Traum der Menschheit wird wahr. Diese Tricks kannst du überall vorführen.
Lasse Münzen und Geldscheine erscheinen und verschwinden.

- mit einfachen Mitteln
- leicht zu lernen
- sofort und überall
- mit vielen Zeichnungen

Verblüffe dein Publikum und zaubere ihnen ein Lächeln ins Gesicht. **ISBN:** 3734738938

Zauberhafte Tricks mit Seifenblasen

Seifenblasen sind wunderbar! Sie schweben lustig durch die Luft und schimmern in den schönsten Farben. Dieses Buch verrät dir viele tolle Tricks. Wie pustest du eine kleine in eine große Seifenblase? Wie bläst du eine viereckige Blase? Es gibt faszinierende Rezepte für Seifenblasen. So bläst du Seifenblasen mit deinen Händen. Bastele einen Seifenblasenring für Riesenseifenblasen. Wunderschöne Zeichnungen untermalen die Spielideen. Deine Freunde werden staunen!

ISBN: 3753463949

Vielen Dank an die Sponsoren:
Bianka Ursprung
Kama Gartz

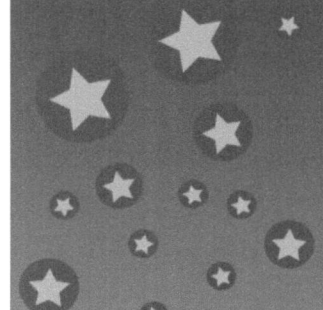